배움으로의 초대

배움으로의
초대

초판 1쇄 발행 2024. 10. 31.

지은이 배종경
펴낸이 김병호
펴낸곳 주식회사 바른북스

편집진행 황금주
디자인 양현경

등록 2019년 4월 3일 제2019-000040호
주소 서울시 성동구 연무장5길 9-16, 301호 (성수동2가, 블루스톤타워)
대표전화 070-7857-9719 | **경영지원** 02-3409-9719 | **팩스** 070-7610-9820

•바른북스는 여러분의 다양한 아이디어와 원고 투고를 설레는 마음으로 기다리고 있습니다.

이메일 barunbooks21@naver.com | **원고투고** barunbooks21@naver.com
홈페이지 www.barunbooks.com | **공식 블로그** blog.naver.com/barunbooks7
공식 포스트 post.naver.com/barunbooks7 | **페이스북** facebook.com/barunbooks7

ⓒ 배종경, 2024
ISBN 979-11-7263-820-7 03190

•파본이나 잘못된 책은 구입하신 곳에서 교환해드립니다.
•이 책은 저작권법에 따라 보호를 받는 저작물이므로 무단전재 및 복제를 금지하며,
이 책 내용의 전부 및 일부를 이용하려면 반드시 저작권자와 도서출판 바른북스의 서면동의를 받아야 합니다.

어떻게 스스로 배우는 사람으로 성장할 것인가?

배움으로의 초대

{ Invitation to Learning }

배종경
지음

스스로 배우려는
의지·역량·경험을 잃어버린 시대

배움에 늦은 때란 없다. 너무 늦어서 배우지 못하는 사람은 없다.
스스로 배우려 하지 않고, 스스로 배울 줄 모르는 사람만 있을 뿐!

바른북스

머리말

우리는
스스로 배우려는 의지를 잃어버린 시대,
스스로 배울 줄 아는 역량을 잃어버린 시대,
스스로 배우는 경험을 잃어버린 시대를 살고 있다.

우리는 시대를 탓하기만 하고, 우리 스스로의 배움을 돌아보지 않아도 괜찮을 것일까?
배울 게 없는 게 아니라, 배울 줄 모르는 게 아닌지?
익힐 게 없는 게 아니라, 익히려 하지 않는 게 아닌지?
깨달을 수 없는 게 아니라, 깨달을 때까지 노력하지 않는 게 아닌지? 묻지 않을 수 없다.

이 글은

나는 왜 배우는가?

배움으로 무엇을 하려 하는가?

배움을 일상과 어떻게 연결할 것인가?

어떻게 배움의 태도로 일상을 대할 것인가?

어떻게 스스로 배우는 사람으로 성장해 나갈 것인가?

궁극적으로 어떻게 배우며 살고, 살며 배울 것인가?에 대해,

필자 자신이 스스로에게 묻는 질문이자, 대답이다.

왜 배움이 일자리 획득 수단으로만 전락하게 된 것일까?

우리가 배움을 단지 경쟁우위 수단으로서만 대해왔기 때문이 아닐까.

우리의 스스로 배우려는 의지, 스스로 배울 줄 아는 역량, 스스로 배워가는 경험을 잃어버렸기 때문이 아닐까.

문제는 '이미 수단으로서만 자리 잡은 배움을 어떻게 수신, 수양, 수행이라는 목적으로서의 배움으로 전환할 수 있을까?'이다. "배움(공부)에 왕도가 없다"고 했으니, 별다른 뾰족한 수가 있지는 않을 것이다. 우리의 잃어버린 스스로 배우려는 의지, 스스로 배울 줄 아는 역량, 스스로 배워가는 경험을 되찾는 게 아니고서는.

스스로 배우는 사람으로 성장해 가는 길이, 배움으로 우리 삶을

가꾸어 가는 바로 그 길이 아니겠는가!

　배움에 늦은 때란 없다. 너무 늦어서 배우지 못하는 사람은 없다. 스스로 배우려 하지 않고, 스스로 배울 줄 모르는 사람만 있을 뿐!

　지금까지 배움에 대해 가져왔던 막연하고, 의무적인 태도에서 벗어나, 배움과 삶의 조화를 향해 함께 나아가자는 필자의 "배움으로의 초대"장을 기쁘게 받아주기를 바라는 마음 간절하다.

　끝으로 이 책이 나오기까지 묵묵히 지켜봐 주고, 격려해 준 사랑하는 아내와 현우, 민우에게 감사한 마음을 전한다. 우리 형제와 조카들의 응원 역시 내게 큰 힘이 되었다.

목차

머리말

{ 1장 — 이 시대 배움의 현주소 }

스스로 배우려는 의지(意志)를 잃어버린 시대 _14

스스로 배울 줄 아는 역량(力量)을 잃어버린 시대 _18

스스로 배우는 경험(經驗)을 잃어버린 시대 _22

배우는 보람과 즐거움을 잃어버린 시대 _26

무엇을 배워야 하는지, 무엇을 배우고 싶은지 모르는 시대 _30

학(學)만 있고, 습(習)은 없는 시대 _34

배울수록 자신의 기존지식(旣存知識)과
진영논리(陣營論理)에 갇히는 시대 _39

2장
{ 스스로 배우는 사람으로 성장하기 }

스스로 배우는 사람은 누구인가?
왜 배우는가? _47
배움에 대한 자신의 인식과 태도를 바로 세우는가? _51
무엇을 배워야 하는지,
무엇을 배우고 싶은지를 자신에게 묻는가? _55
배워야 하는 것이 아니라 배우고 싶은 것에 집중하는가? _59
내 배움을 추구해 나가는가? _63

스스로 배우는 사람은 무엇을 배우는가?
지금 내게 필요한 것을 배우는가? _69

스스로 배우는 사람은 어떻게 배우는가?
관찰과 경청, 질문, 사색으로 배우는가? _75

스스로 배우는 사람으로의 성장이 왜 중요한가?

스스로 배우는 사람은 배움을 어떻게 활용하는가?

어떻게 스스로 배우는 사람으로 성장할 것인가?

스스로 배우는 동기부여를 하는가? _96
스스로 배우는 체험을 쌓아가는가? _101
나의 호기심을 일깨우는가? _106
나의 표현으로 정리하는가? _111
배움으로 자신을 키워가는가? _115
배움으로 자기 길을 개척하는가? _119
자기 배움 방식을 만들어 가는가? _123
자기 자신에게서 배우는가? _130
배울수록 유연하고 자유로워지려 하는가? _134
배움으로 나를 새롭게 바꾸어 가는가? _137
배움의 태도를 기르는가? _141

{ **3장**
배움과 삶의 조화를 꿈꾸며
}

평생배움을 계획하는가? _148

배움으로 자기 삶을 풍요롭게 가꾸는가? _152

일상에서 배우는가? _156

배우고 익힌 후에 내려놓는가? _161

배움의 태도로 일상을 대하는가? _165

배움의 방식과 삶의 방향을 조화롭게 만들어 가는가? _171

배우며 살고, 살며 배우는가? _175

맺음말

참고문헌

1장

이 시대 배움의 현주소

{ Invitation to Learning }

스스로 배우려는 의지(意志)를
잃어버린 시대

사람은 누구나 태어나면서부터 스스로 배운다. 그러나 이 당연한 사실이 부모의 지나친 욕심으로 인해 강요와 의무로 변해버린 지 오래된 시대이다. 요즘 아이들은 거의 태어나면서부터 배움을 강요받는다. '엄마', '아빠'라고 한시라도 빨리 말하라고, 하루라도 빨리 글자를 깨치고 책을 읽으라고. 남들보다 조금이라도 빨리 말할 줄 알아야 하고, 다른 아이보다 하루라도 빨리 책을 읽을 줄 알아야 한다는 압박에 시달리고 있다. 이것이 끝이 아니다. 글 읽기를 시작하는 순간부터 본격적인 경쟁을 위한 교육 경주에 참여하게 된다. "왜 배워야 하는지? 무엇을 배워야 하는지? 어떻게 배워야 하는지?"는 배움의 주체인 우리 아이들에게는 묻지도 않을뿐더러, 생각할 기회조차 주지 않는다. 배워야 한다고 강요된 것들을 배우는 것만으로도 이미 수용능력을 초과한 상태에 빠지고 만다. "살기 위해 배우는 건지, 배우기 위해 사는 건지"조차 구분하지 못할 지경에 이르고야 말았다.

근래에 아이들의 얼굴을 본 적이 있는가? 기회가 없었다면 멀리 바깥에서 찾을 게 아니라, 가까이에 있는 내 아이의 얼굴 표정을 잘 살펴보라. 어디 한구석이라도 생의 활기가 느껴지는가? 무엇에 대해 궁금해하는가? 무엇 하나라도 자발적으로 배우려고 하는가? 아이가 없다면 위의 질문에 나 자신에게 해보자. 나는 삶의 생동감을 느끼며 살고 있는가? 무엇 하나 스스로 배우려는 의지가 있는가? 한때 우리나라에 조기교육 열풍이 분 적이 있었다. 한 살이라도 더 어린 나이에 외국으로, 특히 미국으로 조기유학을 보내는 것이, 성공적인 인생을 위한 길이라 여겨졌었다. 그러나 그렇게 많은 조기유학생 중에서 실제 삶에서 크게 성공했다는 소식은 좀처럼 듣지 못했다. 그 많은 조기유학생들은 어디로 간 것일까? 그들은 지금 무얼 하고 있을까? 그나마 지금은 조기유학 열풍은 수그러들고, 조기교육 광풍이 우리나라의 모든 어린이들을 무한 교육 경쟁으로 내몰고 있다. 교육학 이론을 일일이 주워섬기지 않더라도 지나친 조기교육, 강요된 교육으로 인한 스트레스가 우리 아이들에게 어떤 영향을 미칠지는 자명하다. 지나친 조기교육과 강요된 교육으로 인해, 지금은 그 무엇 하나라도 스스로 배우려는 의지를 잃어버린 시대가 되고 말았다. 이제 학부모들은 자녀에게 강요만으로는 되지 않는다는 것을 깨닫고, 거의 애원하는 지경에 이르렀다. 대체 무엇을 위한, 누구를 위한 배움이기에 강요를 넘어 애원의 지경에까지 이르게 된 것인가?

얼마 전에 필자가 대치동 학원가를 지나간 일이 있었다. 길거리에서 친구들과 쉴 새 없이 떠들어 대며 즐거워 죽겠다는 아이들이, 학원 문턱에 들어서는 순간 얼굴에서 모든 생기가 사라지고 마는 것을 직접 목격했다. 그 많은 학원 강의실에서 웃음소리는커녕, 아이들이 있는지 없는지조차 알아차리기 힘들 정도로 아무런 기척도 들리지 않았다. 마이크로 목소리를 더 크게 울려대는 학원 강사의 목소리만 쩌렁쩌렁 울려댈 뿐. 이렇게 스스로 배우려는 의지를 잃어버린 우리 아이들은 앞으로 어떻게 되는 것일까? 태어나면서부터 배움을 강요당해 온 사랑하는 우리 아이들의 삶은 어떻게 되는 것일까? 유명 대학 졸업장, 화려한 스펙만을 내 자식에게 물려주려 하지 말고, 우리 아이들에게 정말 소중한 게 무엇인지를 물어야 하는 게 아닐까? 무엇을 배워야 한다고 강요하지 않아도 스스로 배우려 하고, 일일이 자세히 설명하고 세세히 지적하지 않아도 직접 부딪히며 배우는 아이로 성장하기 위해, 부모인 우리는 무엇을 해야 할까? 혹시 부모인 나 자신이 우리 아이를 믿지 못하기 때문에, 배움을 지나치게 강요하는 건 아닐까? 부모인 내가 먼저 믿고, 기다려 주지 않기에, 우리 아이가 스스로 배우려는 의지를 잃어버리고 마는 건 아닐까? 나 자신의 과거를 떠올려 보며, 내 아이의 앞날을 위해 무엇이 중요한지를 생각해 보지 않을 수 없다. 부모로서 믿고, 기다려 주는 것보다 더, 내 아이가 스스로 배우려는 의지를 기르게 할 수 있는 방법이 있는 것일까!

조기교육부터 학원 뺑뺑이까지, 온 가족이 입시로 대변되는 교육에 거의 모든 것을 쏟아붓다시피 하는데도 불구하고, 정작 배우는 우리 아이들은 왜 성숙해지지 못하는 걸까? 원하는 학교에 합격했는데도 잠시의 안도만 있을 뿐, 왜 아이들의 삶이 행복해지지 않는 걸까? 그렇게 공들여 왔던 배움을 왜 학교를 졸업하기가 무섭게 나와 상관없는 것으로 손을 놓아버리고 마는 걸까? "어떻게 배움이 내게 기회가 되게 할 수 있는지? 배움으로 나를 성숙하게 할 수 있는지?"를 생각해 보아야 하는 게 아닐까. 우리는 평생배움의 시대를 맞이한 지 이미 오래다. 학교 공부만으로 나머지 내 긴 인생을 살아가기에 충분한 걸까? 스스로 배우려는 배움의 의지를 되살리지 않아도 괜찮은 걸까?
스스로 배우려는 의지를 잃어버린 시대, 어떻게 잃어버린 배움의 의지를 되살릴 수 있을까? 스스로 배우려는 욕망이 거세된 시대, 우리 자신의 배움을 깊이 되돌아보지 않아도 괜찮은 걸까!

스스로 배울 줄 아는
역량(力量)을 잃어버린 시대

어릴 적부터 무엇 하나 타인에게 의존하지 않고, 스스로 배워 본 적이 없이 자라난 우리 청년들은 지금 어떻게 살고 있을까? 성적향상, 스펙 쌓기, 취업경쟁력 확보만을 위해 배워오는 동안, 인간 고유의 스스로 배울 줄 아는 역량을 잃어버린 채, 무기력하게 살아가고 있는 건 아닐까? 인간이 지구의 지배종이 된 이유는 다른 어떤 능력보다도, 스스로 배울 줄 아는 능력에 기인하는 바가 크다. 인류 대대로 선조가 이룩한 성과를 배우고 익혀왔기에 지금의 고도의 문명을 이룰 수도, 지구 최상위 종으로 지금의 지위를 누릴 수도 있었던 것이다. 그러나 그토록 오랜 시간 다른 모든 활동을 도외시하다시피 하면서까지 배워온 지식들이, 학교 문을 나서는 순간 우리 젊은이들에게 무엇을 보장해 주는가? 부모에게, 학교에게, 학원에게 의존하여 모든 것을 배워온 우리 젊은이들은 아무것도 스스로 배울 줄 모르는 무능력자가 되어버린 건 아닌가. 학교 숙제부터 학점관리까지 모든 것을 외부에 의존하여 배워왔기에 스스로 배울 수 있다는 생각조차 잃어버리게 되었다. 학력(學歷, 학교를 다닌 경력)만 있고, 학습력(學習力, 배우고 익히는 능력)은 없는 시대, 우리는 어떻게 해야 하는 걸까?

이제는 간단한 요리조차도 유튜브를 찾아보고 따라 해야만 마음을 놓을 수 있을 만큼, 스스로를 믿지 못하고 타인에게 의존하는 지경에까지 이르렀다. 이런 시대에 우리는 도대체 무엇을 스스로 배우겠다고 마음먹을 수 있는 것일까. 웃음조차도 강연이나 영상을 통해 배워야만 겨우 웃을 줄 아는 어릿광대가 되어가는 건 아닐까. 외부에 의존하여 배워만 왔기에, 자기 감정을 잘 인지할 줄도, 자기 생각을 정리할 줄도, 자기 삶을 계획할 줄도 모르는 무능력자가 되어가고 있는 게 아닐까. 인간은 언제 스스로 배우려 하고, 스스로 배울 줄 알게 되는 것일까? 자기 자신과 가장 밀접하게 관련된 실제 상황에서 가장 잘 배우게 된다. 학교 공부로 대변되는 지금까지의 외부 의존적인 배움은, 배움의 주체인 자기 자신이 소외된 한마디로 배워야만 하는 것을 배워온 시간에 불과하다. 진정한 배움은 학교를 떠나 사회인이 된 지금부터라고 여겨야 한다. 지금부터 "무엇을 배워야 하는지? 어떻게 배워야 하는지? 언제 어디서 활용해야 하는지?"를 스스로에게 물어야 한다. 지금까지 배워온 내용과 생래적으로 배울 줄 아는 능력을 가진 자신을 믿고, 스스로 힘껏 부딪히며 배워나갈 각오를 다져야 한다.

우리 삶이 언제까지고 연습일 수는 없다. 학교를 떠난 지금이 스스로 배울 줄 아는 나의 역량을 계발하고, 길러 나가는 적기(適期)이다. 더 이상 배워야 하는 것만이 아니라, 배우고 싶은 것을 자신이 직접 찾아 나서야 한다. 젊은이들은 지금까지 외부에, 타인에 의존해 왔기에 잃어버린, 스스로 배울 줄 아는 역량을 되찾아야 할 시기이다. 좀 서투르면 어떤가? 다소 시행착오를 겪으면 어떤가? 때론 심지어 후퇴하면 또 어떤가? 지금까지 외부에만 의존해 왔기에, "타인에게서 배우지 않고서는 불안하다, 스스로를 믿을 수 없다"고 생각하는 젊은이들이 많다. 그러나 인간의 본능인 스스로 배울 줄 아는 역량은 깊숙한 곳에 잠들어 있다 하더라도 결코 없어진 게 아니다. 스스로 배우려는 의지를 다지고, 스스로 부딪히겠다는 다짐을 가지고, 배움을 향해 기꺼이 뛰어들려는 태도를 길러야 한다. 잘하지 못하는 것, 한 번에 성공하지 못하는 것, 남들의 기대에 미치지 못하는 것을 두려워할 게 아니라, 스스로 배우려는 의지를, 스스로 배우겠다는 용기를 가지지 못하는 것을 두려워해야 하지 않을까. 편하게, 빨리, 많이 배우는 것에만 익숙해져 온 탓에, 우리는 스스로 배울 줄 아는 고유의 역량을 점점 잃어가고 있는 게 아닐까.

수영도 골프도, 심지어 걸음걸이조차 타인에게 배울 수 있다. 그러나 "내 꿈이 무엇인지? 어떻게 살아야 하는지?"는 누구에게서, 어떻게 배울 수 있을까? 모든 것을 타인에게 의존하여 배워만 온 탓에, 내 삶마저 타인에게 의지하여, 타인의 기준에 맞춰 살아가는 건 아닌지, 우리 스스로에게 묻지 않을 수 없다.

필자는 근래에 집 근처에 있는 산으로 산행을 다녀왔다. 많은 사람들이 모여서 등산 스틱을 사용한 걸음걸이를 배우고 있었다. 한편으로는 신기하게 여겨지면서도, 다른 한편으로는 걸음걸이조차 남에게 배워야만 제대로 산행을 할 수 있다고 생각하는 건 아닌지 하는 웃픈 현실에, 실소를 금할 수 없었다. 그냥 스틱을 이리저리 써보면서 자연스럽게 스스로 터득할 수 있는 기회를 자신에게 주면 안 되는 것일까? 걷는 법까지 소위 전문가라는 사람에게 배워야만 제대로 배운 것이라는 배움에 대한 맹목적인 태도가 내 마음에 걸려, 산을 내려오는 내내 편하지가 않았다.

스스로 배울 줄 아는 역량을 잃어버린 시대, 어떻게 해야 잃어버린 '스스로 배울 줄 아는 역량'을 되찾을 수 있을까?

스스로 배우는 경험(經驗)을 잃어버린 시대

　지금까지 학교와 학원에서만, 책과 강의에서만 배워왔기에, 자신이 직접 겪어나가면서 배우는 경험을 잃어버린 시대이다. "왜 배우는가? 무엇을, 어떻게 배우는가? 내게 배움이란 무엇인가?"를 묻지 않았기에 스스로 배우는 방법을 모르고, 자기행동을 통해 배울 줄도 모른다. 배움이 어떻게 이루어지는가? 아무리 위대한 책, 훌륭한 강의라 하더라도 자기여과를 거치지 않고서는 같은 내용만을 되풀이하는 앵무새에 지나지 않게 된다. 어떻게 자기여과를 거치는가? 자기 느낌, 생각, 행동을 통해서이다. 배움의 주체인 '자기'가 빠져 있고, 배움의 내용만 있는 상태에서는 배움이 자기 것이 되지 못한다. "자신의 느낌,

생각, 행동을 막연히 "옳다, 맞다"고 여기는 배움이기에 자기 자신에게 절실히 와닿지 않는다. 시험이나 자격취득 등 단기목적을 달성하고 나서는 머릿속에서 깨끗이 지워져 버린다. 초·중·고 시절 장장 12년을 다른 모든 활동보다도 배움을 우선해왔음에도 정작 내게 체화되어 남아 있는 배움은 거의 없다. 지금껏 무엇을 위해 우리가 그렇게 애써온 것일까. 인간은 어떤 동물보다도 자신의 생각, 느낌, 행동을 되돌아보는 성찰을 통해 가장 많이 배우고, 가장 크게 성장할 수 있다. 지금은 자기 현실을 깊이 들여다보지도 않고, 자신을 성찰하지도 않기에 자기 자신이 소외된 배움만을 행하고 있다. 배움의 주체인 자기가 소외된 배움에서 우리는 도대체 무엇을 배울 수 있을까. 왜 배움의 주체인 나 자신이 소외된 걸까? 어쩌면 스스로 배우는 경험을 잃어버렸기에 단지 책과 강의로만 배울 수 있다 여기게 된 게 아닐까. 책과 강의가 고도로 추상화된 배움인 것은 맞다. 그러나 책과 강의 역시 저자와 강사가 실제로 체험한 그들의 경험이 논리적인 구조로 체계화된 것일 뿐, 실제 경험을 바탕으로 하지 않는 허구의 지식이 아니다. 그 실제 경험을 통해 누가 가장 잘 배웠겠는가? 당연히 저자와 강사 자신일 것이다. 그렇다면 나는 무엇에서 가장 잘 배울 수 있을까? 너무나 명백하게도 나의 실제 현실과 실제 생활에서일 것이다. 그럼에도 자기 현실에서, 일상 속에서 우리는 얼마나 스스로 배우려 하며, 스스로 배우는 행동을 하고 있는가? 지금까지 배우는 일 그 자체에만 빠져서, 배우면서 성장하는 주체여야 할 자신을 잃어버리고 있었던 건 아닌가.

　우리는 도처에 배울 게 넘쳐나는 시대를 살고 있다. "고전이다, 강연이다, 유튜브다, TED다" 마치 배움이 일상이 된 듯한 시대를 살아가고 있다. 우리는 지금 이 시점에서 묻지 않을 수 없다. 나는 왜 배우는가? 지난 세월 대학 시절까지 꼬박 16년이란 세월을 공들여 배워왔는데도, 배움과 나의 일상이 긴밀히 연결되지 못하고 따로따로인 채 살고 있다. 급기야 학교로 대변되는 정규교육이 끝나고 나서는 배움을 손에서 놓아버리거나, 스스로 배움을 떠나버리고야 만다. 지금까지 너무도 배움에 시달려 왔기에, 앞으로는 그 무엇도 배우려 하지 않고, 자신의 일상에서도 배우지 않는다.

　지금은 과잉 친절 교육의 시대이다. 혹시라도 배움에 잠시의 어려움이라도 느끼게 될까 봐, 부모님이, 학교 선생님이, 학원 강사가 학생이 묻지 않았는데도 먼저 알려주는 시대이다. 과잉 친절 교육으로 인해 우리는 학력이 높을수록 스스로 배우는 경험을 점점 잃어가는 아이러니한 배움의 시대를 살고 있다.

　이 시대는 실패 없이 한 번에 성공해야 한다는 부담감, 패자부활전의 기회가 주어지지 않는 과도한 경쟁이, 시행착오를 거치면서, 스스로 배워가는 경험을 원천봉쇄 해버리는 시대이다. 실수와 실패에 대한 중압감으로 오직 안전만을 추구하면서, 배움의 주체로서 우리는 점점 더 위축되고 왜소해져 가고 있다. 배우는 내용만 있고, 배움의 주체인 자신이 배우는 경험을 잃어버린 시대. 자신과 무관한 공허한 배움, 자신을 되돌아보지 않는 피상적 배움의 시대. 어떻게 우리는 배움의 주체인 우리 자신을 되찾을 수 있을까?

배우는 보람과
즐거움을 잃어버린 시대

도대체 지금까지 우리가 배우는 보람을 느껴본 적이 언제였던가? 어디 한 번이라도 제대로 배우는 즐거움을 누려본 적이 있던가? 왜 배움이 우리에게 의무와 강요, 스트레스의 주범이 된 것일까? 어떻게 배움의 보람과 즐거움을 되찾을 수 있을까? 배움의 즐거움을 잃어버린 주된 원인은, 배움을 단지 원하는 것을 얻기 위한 수단으로만 대하기 때문이다. 수단은 당연하게도 목적을 위해서만 존재하기에, 과정에서 소홀히 취급받고, 결과에 이른 후에도 금방 잊혀져 버린다. 시험공부를 열심히 했지만, 시험이 끝난 후에는 깨끗이 잊어버린 경험이 얼마나 많은가. 자격취득만을 목표로 배워왔기에, 원하는 자격을 취득한 후에는 얼마나 쉽게 잊어버리며, 그 과정에서 배운 내용은 얼마나 무용지물이 되는가. 학교가, 이 사회가, 어쩌면 이 세상 모두가 배움을 의무로만 여기고, 수단으로만 대할 뿐, 배움의 보람과 즐거움을 추구하지 않는다. 그러나 그 과정에서 보람과 즐거움을 빼앗긴 배움이 오래 지속될 수 있을까. 누군가의 가슴에 깊은 감명을 남길 수 있을까. 무언가를 잘하는 사람을 보면, 시행착오를 마다하지 않고 꾸준히 스스로 직접 부딪히면서 배워가는 사람이다. 수없이 많은 실수와 실패를 겪으면서도 배우는 보람과 즐거움을 경험하는 사람이다. 이런 태도를 가진 사람이라면 실수와 실패가 그 일을 그만두어야 할 이유가 아니라, 계속 새로운 지식과 경험을 배우고, 익혀가는 과정이라 여기기 때문이다. 이 시대는 "한번 실패하면 다시 일어서기 어렵다. 시행착오를 용납하지 않기에 실수와 실패 없이 한 번에 성공해야 한다"고 여긴다. 그렇기 때문에 더욱 긴장하게 되고, 그 압박감으로 인해 스스로 무너지는 경우가 많다. 이런 상황이라면 어떻게 배움의 보람을 느낄 수 있겠는가. 기껏해야 실수와 실패를 겪지 않아서 다행이라는 안도만 있을 뿐. 배우는 과정에서의 시행착오는 절대로 해서는 안 되는 것도, 하지 말아야 하는 것도 아니다. 실수와 실패를 배우는 과정에서 당연히 겪어야 하는 배움의 한 과정으로 여길 때, 우리는 배우는 즐거움을 누릴 수 있는 게 아닐까. 지금은 누구나 원하는 지식을 언제, 어디서나, 손쉽게 찾을 수 있다. 손안에 있는 휴대폰만으로도 얼마든지 편하게, 빠르게 원하는 정보를 찾을 수 있다. 그러나 정작 문제는 그렇게 편하게, 빠르게 원하는 정보를 찾을 수 있다는 그 자체에 있다. 쉽게 번 돈이 쉽게 낭비되듯이, 너무 손쉽게 노력 없이 획득한 정보이기에, 나의 시간과 노력을 쏟아서 얻은 지식만큼 가치 있고, 의미 있게 대하지 않게 된다. 빠르게, 편하게 원하는 정보를 얻는 과정에서 무슨 배우는 보람과 즐거움이 있겠는가. 어렵게 찾아보고, 오래 기억하는 것이 오히려 쓸데없다 여겨지진 않겠는가. 그러나 우리 뇌는 기억하고 있는 것을 즉시 활용하는 것과 아주 짧은 시간이 걸린다 하더라도 정보를 찾기 위해 잠시 멈추는 순간을 다르게 다룬다. 정보를 찾아보는 그 짧은 순간조차도 우리의 의지와 열정, 생각과 마음이 수시로 달라진다. 내 시간과 노력을 투자한 지식이 내 머릿속에서 즉시 활용되는 것과 필요할 때마다 접속하여 찾아보는 것은 확연한 결과의 차이를 만든다. 필요한 지식이 내 머릿속에서 바로 떠오를 때, 우리는 배우는 보람과 즐거움을 만끽할 수 있다.

지금은 배우기만 할 뿐, 배운 것을 적극적으로 활용할 줄 모르는 시대이다. 배우기만 할 뿐, 언제, 어디에, 어떻게 활용할 줄을 모르는데, 어찌 배우는 보람과 즐거움을 맛볼 수 있겠는가. 배운 것 중에서 작은 것 하나라도 실제로 활용할 때, 우리는 배우는 보람을 느끼게 된다. 영어 한 문장을 배우고 익혀서 실제로 활용할 때, 그 문장이 나의 머릿속에 더 깊이 각인되고, 배우는 보람을 느끼게 된다. 지금 배우고 있는 것을 일상에서 응용함으로써, 우리는 배움의 재미를 누리게 된다. 이전에 배운 적 있는 컴퓨터 지식을 실제 내 삶에 활용해 보라. 엑셀로 생활비를 관리하고, 찍어둔 사진을 예쁘게 꾸며보라. 배우기만 하는 것과 배운 것을 실제로 활용하는 것은 배움의 깊이는 물론이고, 배우는 보람과 즐거움 측면에서 확연히 다르다. 배운 것을 실제 생활에 적극적으로 활용함으로써 배우는 보람과 즐거움을 제대로 누릴 수 있다. 그러나 지금까지 수단으로서의 배움, 활용을 생각하지 않는 배움만 행해온 우리는 배우는 보람을 잊은 지 오래이다. 너무나 친절한 배움, 시행착오를 겪어보지 못한 배움만 행해온 우리가, 어떻게 배우는 즐거움 누릴 수 있을까?

무엇을 배워야 하는지,
무엇을 배우고 싶은지 모르는 시대

학생 시절까지는 무엇을 배워야 하는지 묻지도 않았고, 어쩌면 물을 필요조차 없는 시기였다. 스스로 묻지 않아도, 아니 묻기도 전에 무엇을 배워야 하는지가 나와 무관하게 이미 정해져 있기 때문이다. 그래서 우리는 학생 시절 동안 무엇을 배워야 하는지 묻지도 않았고, 물어야 한다는 생각조차도 하지 않았다. 그 결과 외부에서 정해진 배워야만 할 그 무언가가 불명확하거나, 심지어 없어진 사회인으로서의 우리는, 뒤늦은 방황을 겪을 수밖에 없다. 대체 지금 나는 무엇을 배워야 한단 말인가? 그냥 누군가가 무엇을 배우라고 말해주면 학생 시절과 마찬가지로 묵묵히 참고, 견디며 배워가련만, 이제 누구도 알려주지 않고, 저마다 다르게 알려주기에 더욱 당황하게 된다. 그러나 다르게 생각해 보면 지금이야말로 진정한 나의 배움이 시작되는 시기이다. 지금까지 무엇을 배워야 할지, 무엇을 배우고 싶은지 스스로 생각해 온 사람에게는 자유의 시간이지만, 정해진 것을 배우는 데만 길들여져 온 사람들에게는 "무엇을 배워야 하는가?"라는 질문이 낯설고 당황스럽기까지 하다. 우리는 지금이라도 되돌아보아야 한다. "왜 배우는지? 무엇을 배워야 하는지? 무엇을 배우고 싶은지?"를. 나는 왜 지금까지 묻지 않았을까? 배워야만 한다는 것을 배우기만도 벅찬데, 스스로 무엇을 배워야 하는지를 찾기까지 해야 하는 지금이, 배움에 대한 부담과 스트레스가 더 크게 느껴진다. 이제 무엇을 배워야 할지를 누구에게 또 묻는단 말인가. 아니 그 누군가의 대답이 정말 내가 배워야 하는 게 맞기는 한 걸까? 정해져 온 것을 배우는 데만 길들여져서, 주어진 질문에 답하는 데만 익숙해져서, 스스로 묻기는커녕 질문해야 한다는 생각조차 하지 않고 살아온 건 아닌가.

학생 신분일 때는 주어진 질문에 얼마나 빨리, 많이, 정확히 답하느냐가 우열을 가리는 기준이었다면, 사회인이 된 지금은 평가 기준 자체가 바뀌었다. 이제 "자신이 스스로 무엇을 배워야 하는지? 무엇을 배우고 싶은지?"를 스스로 묻지 않는다면, 그 누구도 알려주지 않고, 설령 알려준 대로 따라 한다고 하더라도, 좋은 결과를 얻기는 어려운 시대를 맞이했다. 사회인이 된 지금은 더 이상 주어진 질문에 답변하는 능력이 아니라, 질문하는 능력이 가장 중요한 능력이 되었다. 이 갑작스러운 변화에 나는 어떻게 대응해야 할까? 미리 정해진 질문을 해온다면 누구보다 빨리, 정확히 답변할 수 있으련만, 구체적이며 명확한 답변이 있는 질문은 이제 더 이상 사람에게 하지 않는 시대가 되었다. 챗 GPT로 대변되는 AI가 나보다 훨씬 더 빨리, 많이 심지어 최신의 정보까지 정확하게 알려줄 수 있기 때문이다. 그렇다면 지금까지 그렇게 노력해 온 나의 배움이 한순간 모두 물거품이 되고야 마는 것일까? 아니다, 나의 인식을 전환해야 한다. 지금까지의 나의 배움은 무엇을 물어야 하는지를 알아가는 과정이라 여겨야 한다. 지금까지 배워온 지식의 내용이 아니라, 그 내용을 바탕으로 이제 무엇을 물어야 하는지를 스스로 생각해야 한다. AI는 스스로 자신에게 질문할 수는 없다. 내가 AI와 경쟁할 수 있는 유일한 길이, 가치 있는 질문을 생각해 내는 것이다. 의미 있는 질문을 던진다면, 얼마든지 답변해 줄 수 있는 AI가 있는 이 시대가 오히려 내게 좋은 기회가 될 수도 있다. 이전에는 의미 있는 질문을 생각하더라도, 그 해답을 스스로 찾기까지 오랜 시간이 걸렸다. AI 시대에는 전 세계의 지식이 총망라되어, 나의 질문에 거의 실시간으로 정확한 답변을 쏟아낸다. 그 답변을 다시 내 질문의 바탕으로 삼아, 더 심도 깊은 질문을 던질 수 있는 새로운 길이 지금 우리에게 열린 것이다. AI를 활용하는 최선의 방법이 좋은 질문을 던지는 것이다. 그러나 지금껏 정답이 정해진 질문에 답변하기만 해왔을 뿐, 스스로 어떤 질문도 하지 않았던 우리가 어떻게 의미 있는 질문, 중요한 질문을 할 수 있을까?

이제부터라도 가르쳐 준 것을 마냥 열심히만 하는 사람이 아니라, 무엇을 해야 하는지를 스스로 먼저 묻는 사람으로 거듭나야 한다. 그러나 지금까지 한 번도 자기 자신을 성찰해 보지 않았던 우리가 어떻게, 내가 무엇을 배워야 하는지를 알 수 있을까?
　우리는 "무엇을 배워야 하는지? 무엇을 배우고 싶은지?"를 묻지 않고 서는 성장할 수 없는 시대를 맞이했다. 던져진 질문에는 실시간으로 척척 답변하는 AI조차도, 내가 무엇을 물어야 하는지에 대해서는 아무것도 알려주지 않는다. 얼마나 많이, 정확히 아느냐가 아니라, 얼마나 의미 있는 질문을 하느냐가 경쟁력이 된 시대를 우리는 살아가고 있다. 그러나 어떤 질문도 품어본 적이 없는 우리가 어떻게 내가 무엇을 배우고 싶은지에 대해 스스로 답할 수 있을까? 지금까지 정해진 대로만 배워왔고, 질문을 품지도 않은 채 살아온 우리는 AI 시대를 어떻게 헤쳐나가야 하는 걸까?

학(學)만 있고,
습(習)은 없는 시대

　지금은 배움(學)만 있을 뿐 익힘(習)은 없는 시대이다. 배워야 할 게 하루가 멀다고 새로 쏟아져 나오기에, 내 것으로 온전히 만들기 위한 익히는 시간을 낼 수 없는 시대이다. 유튜브로 대변되는 영상에 익숙한 세대들은 자기 시간과 노력을 들여야만 익힐 수 있는 습(習)에 대해서는 애초에 배울 기회가 없었고, 훈련이 되어 있지도 않다. 배움은 타인에게 의존한다 하더라도 일정 부분 배울 수 있다. 그러나 익히는 것은 철저히 자기 주도적이며, 자기가 주체가 되지 않고서는 불가능하다. 소를 물가로 끌고 갈 수는 있어도 억지로 물을 먹일 수는 없는 노릇이듯, 강제로 가르칠 수는 있을지라도 억지로 지식을 떠먹여서 소화시키게 만들 수는 없다. 배움만 있고 익힘은 없는 시간을 거쳐 온 우리 젊은이들은 어떻게 되는 것일까? 참고 견디며 묵묵히 묵수(墨守)하는 익힘의 태도를 기르지 못한 우리 청소년들은 어떤 태도로 살아갈까? 혹시라도 삶을 대하는 자세마저 단편적이고, 말초적인 생활에 빠지고 마는 건 아닐까? 학습태도는 단지 배움에만 국한되지 않는다. 배우는 과정에서 형성되는 학습태도는 삶의 전반에 큰 영향을 미친다. 배운 것을 내 것으로 만들고, 체화(體化)하는 익힘의 과정을 통해 올바른 학습태도가 길러진다. 책 몇 권 읽었다고, 강연 몇 번 들었다고 모두 다 이해하고, 깨달을 수 있다면 도대체 누가 그 오랜 시간을 힘들게 견디며 익히려 하겠는가. 익힌다는 것은 반복의 연속이다. 그야말로 고된 숙련의 과정이 아닐 수 없다. 똑같은 행위를 몇 번이고 되풀이하는 과정이 익힘이다. 그러나 익힘이 정말 똑같은 행위의 반복이기만 할까? 여러 번 반복하면서 익히는 과정을 통해 주체인 자기 자신이 달라진다. 성장하고 있는 자신을 보지 못하고, 똑같이 되풀이되는 행위 그 자체만 보기에 "달라지는 게 없다"고 여기는 것일 뿐, 익히는 과정을 통해 자신은 달라지고 있는 것이다. 익힘은 똑같은 반복이 아니다. 익히는 주체가 달라지고 있는 차이의 반복이다. 익히는 주체가 눈에 띄지 않게 서서히 달라지기에 스스로 인식하지 못할 뿐, 가장 근본적인 자기변화가 자신의 내면에서 일어나고 있는 것이다. 이 시대는 배워야 할 게 너무 많아 "배우는 것만으로도 벅찬데, 익히기까지는 도저히 불가능하다"고 여긴다. 정말 새로운 것을 배우기만 하면 되는 것일까? 배우는 것만으로 나 자신이 성장하는 것일까? 뛰어난 장인(匠人)들의 모습을 떠올려 보라. 10년이고 20년이고 혹독한 도제식의 수련과정을 거치지 않고서 장인이 된 사람이 어디 한 사람이라도 있었던 적이 있던가.

  우리나라의 의술이 뛰어나다, 의사들이 뛰어나다는 평가를 받고 있다. 그렇기에 외국에서 건강검진과 치료를 위해 우리나라를 찾은 사람들이 점점 더 늘어나고 있다. 왜 다른 분야에서보다 유독 의학 분야에서 우리나라가 뛰어난 걸까? 그 해답을 우리나라 의료제도인 도제식(徒弟式) 수련과정에서 찾는 사람이 많다. 6년의 기본과정을 거치고 나서도, 인턴, 레지던트, 전공의 과정까지 아무리 짧아도 10년 이상을 도제식으로 꾸준히 수련하는 덕분이 아닐까. 뛰어난 인재들을 선발하고서도, 10년 이상의 숙련과정을 거치기에 우리나라의 의술이 뛰어난 것이라면, 보통 사람들인 우리는 어떻게 해야 하겠는가. 최소한 10년의 익히는 시간이 없이도 자기 길을 만들 수 있겠는가. 10년의 익힘 과정을 거치지 않고서 스스로 자부할 수 있을 만큼 성장할 수 있겠는가. 배우는 일은 쉽지 않다. 하물며 자기 것으로 만드는 익히는 일은 온 정신을 집중해야 하기에, 끈덕지게 들러붙어야 하기에, 자기 힘만으로 참고 견뎌내야 하기에, 더욱 힘든 과정이다. 그래서 더욱더 쉽게, 빨리를 찾게 된다. 그러나 예로부터 "배움에 왕도는 없다"고 하지 않던가. 왜 다른 일이 아니라 하필이면 배움에 왕도가 없다 하겠는가. 배운 것을 자기 시간과 정성을 들여 익히지 않고서는, 애써 배운 것마저 쉽게 잊혀져 버리고 말기 때문이다. 자기 익힘을 거치지 않은 배움이 내 몸과 마음에 깊이 새겨질 리가 없기 때문이다.

　이 학원에서 저 학원으로 학원 뺑뺑이만 되풀이해 온 세대, 너무 과잉 친절한 설명으로 인해 궁금증조차 생기지 않는 세대, 배우기에만 급급하여 익히는 과정을 잃어버린 세대. 우리는 작금의 배움에 대해 되돌아보지 않을 수 없다. 속도 만을 중시하며, 깊이를 외면하고 있는 지금의 배움에 대해 깊이 성찰해 보아야 하지 않을까. 우리 선조들은 왜 그토록 오랜 시간, 거의 평생을 학문의 길에 전념했을까? "안다, 낫다, 해봤다" 여기지만, 우리는 정작 하나라도 제대로 할 줄 아는 게 없는 건 아닐까. 자기 것으로 만드는 익힘이 없는 배움은 사상누각(沙上樓閣)에 불과하다. 자기 시간과 노력을 들이지 않고, 쉽게, 빨리 배울 수 있다고 말하는 사람이 있다면 그건 속임수에 불과하다. 성적을 올리기 위해서는, 자격을 취득하기 위해서는, 단기 성과를 올리기 위해서는, 지금까지와 같이 내용을 외우는 배움만으로 충분할지도 모른다. 하지만 목적 달성 후에 바로 잊혀져 버리는 배움만으로 급변하는 현실에 제대로 대처해 나갈 수 있을까? 기껏해야 이해만으로 만족하면서 익히지 않을뿐더러, 익히는 것이 불필요하다고까지 생각하는 우리가, 배움으로 우리 자신을 변화시켜 나갈 수 있을까.

  배운 것을 반복해서 익혀감으로써 자기 자신을 수양해 가는 참 배움의 길은, 이미 과거가 되어버린 지나간 꿈으로만 남는 것일까?

배울수록 자신의 기존지식(既存知識)과 진영논리(陣營論理)에 갇히는 시대

　지금은 배울수록 자신의 기존지식에만 갇히는 시대이다. 열린 마음, 호기심, 열정, 자기수양이라는 배움의 태도를 기르지 않고, 배움의 기능에만 빠져왔기 때문이다. 단편적인 지식은 누구나 쉽게, 빠르게 인터넷을 통해 알 수 있는 시대이기에, 역설적으로 더욱더 자기가 듣고 싶은 것, 보고 싶은 것에만 몰두하게 되었다. 손쉬운 접속으로 "그 정도는 나도 알고 있다"여기기에, 나와 다른 것에 대해서는 들으려고도 이해하려고도 하지 않기에, 배울수록 점점 더 자신의 기존지식에 고착되어만 간다. 기능적인 배움은 "얼마나 빨리, 많이 아느냐?"에만 관심을 둘 뿐, 의식확장이나 자기성찰로 연결되지 못한다. 자기가 배운 것만 옳다 믿기에 다른 지식으로 확장되지 못하고, 배울수록 오히려 자기 진영논리에 갇히게 된다. 진영논리를 앞세우다 보면 나와 다른 논리는 다른 것이 아니라 틀린 것이 된다. 낯설고 새로운 것에 더 이상 마음을 열지 않게 된다.

 가장 위험한 사람은 아무것도 모르는 사람이 아니라, 한 권의 책만 읽었고, 한 사람에게서만 배운 사람이다. "자기가 배운 것 외에는 모두 틀린 것으로 생각하고, 자기와 다른 것은 배척하고, 자기 것을 강요해야 한다" 여기기 때문이다. 틀에 갇혀 자기 것이라 여기는 것만 배우면서, 스스로 내가 "안다, 낫다, 해봤다" 여기게 된다. 배울수록 자기주장만 앞세우고, 점점 더 완고해지게 된다. 낯설고, 새로운 것은 기존지식에 비해 미약하고, 배척당하기 쉽다. 그렇기에 의식적으로 보다 우호적인 관심과 호의가 필요하다. 누구나 자기가 아는 것, 익숙한 것에는 호의를 품게 된다. 별다른 노력 없이도 편하게 동조할 수 있기 때문이다. 의지를 갖고 노력하지 않아도 쉽게 이해할 수 있기 때문이다. '쉽게, 빨리, 많이'가 배움의 기준일 수는 없다. 내가 기존에 익혀온 지식관 관련된 것을 배우기는 비교적 쉽다. 그렇기에 내가 기존에 아는 것, 긴밀히 연관된 것, 이미 익숙한 것에만 관심을 기울이게 된다. 내게 이미 익숙한 것들에만 관심을 가지기 때문에, 점점 더 자기 진영논리에 갇히게 되는 건 아닐까. 자기 진영논리에 갇힌 사람은 단 하나의 관점으로만 세상을 보려 한다. 진영논리에 빠져 방어적으로만 세상을 대하려 한다. 가장 심각한 문제는 자신이 진영논리에 빠져 있다는 것을 인식하지 못한다는 것이다.

  배우고 있는 시간만큼은 배우는 내용에 순수하게 몰입해도 좋다. 배우는 기간에는 배우는 내용에 내 마음을 열어야만 배울 수 있기 때문이다. 그러나 내용을 충실히 배운 후에는 비판적 시각을 견지해야 한다. 내가 지금 배운 이 내용에만 갇히진 않았는가? 배우고 있는 것과 다르거나 반대되는 의견은 무엇인가? 지금은 내가 배운 것이 가장 훌륭하게 여겨질지라도, 언제든지 더 나은 지식이 나올 수 있다는 유연한 생각을 가져야 한다. 또한 의식적으로 지금 배운 것과 다르거나 대립되는 지식이 무엇인지 관심을 가져야 한다. 배움에서는 균형 잡힌 관점을 가지는 것이 매우 중요하다. 그렇지 않으면 자기논리에만 빠지기 때문이다. 그러나 수동적 배움에만 익숙해져 온 우리는 어떻게 해야 자신의 기존지식에 갇히지 않을 수 있는지에 대해서는 생각조차 하지 못하고 있다.

  이 시대의 우리는 지나치게 지식에만 의존하고 있다. 이론과 논리를 앞세워 현실을 재단하려고 하기에, 기존지식과 경험에만 갇히게 되는 것이다. 아무리 위대한 이론이라 하더라도 누군가의 실제 경험에서 우러난 교훈을 추상화한 것이지, 이론을 먼저 들이대면서 현실을 재단한 결과가 아니다. 어설프고 미숙하기 때문에 내 기존지식과 이론만을 앞세우게 되는 것이다. 현실의 불명확성과 불확정성을 견뎌낼 수 있을 만큼의 배움이 없기에, 내 기존지식과 경험에 매몰되는 것이다. 현실을 직시하려는 태도로 임할 때라야 내 기존지식과 경험을 내려놓고, 현실에 맞게, 현실에 충실하게 대처할 수 있다. 그러나 우리는 지나치게 지식을 앞세우기에 현실을 일그러지게 만들고 있는 지경에 처해 있다.

"나는 배울수록 기존지식의 추종자가 되어가고 있지는 않은가? 배울수록 내 신념의 신봉자가 되어가고 있지는 않은가?"를 묻지 않으면, 자신의 좁은 식견에서 결코 빠져나오지 못한다. 배움에 대한 아무런 자의식도 없는 우리는, 배울수록 점점 더 기존지식과 진영논리에만 갇혀가고 있는 실정이다.

2장

스스로 배우는
사람으로 성장하기

{ Invitation to Learning }

스스로 배우는 사람은
누구인가?

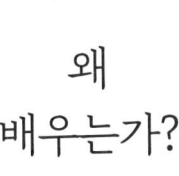

왜 배우는가?

내가 지금 이것을 왜 배우는지 그 이유를 한 번이라도 생각해 본 적이 있는가? 배워야 해서, 배우라고 해서 배우는 게 아니라, 자기만의 이유로 배움을 시작해 본 적이 있는가? 너무나 당연하게도 지금 내가 배우는 이유를 알아야 함에도 불구하고, 좀처럼 묻지 않거나, 물어도 자기만의 이유를 가진 사람은 드물다. 그러면서도, 학창 시절은 물론이고 지금까지 우리는 배우며 살고 있다. 설령 아무도 공감해 주지 않는 자기만의 이유라 하더라도, 왜 배우는지를 생각해 봐야 한다. 세상에 더 나은 이유나 더 못한 배움의 이유는 없다. 오직 한 가지 '스스로 배우는 이유를 생각하며 배우느냐? 무작정 이유 없이 배우기에만 급급하냐?'만 있을 뿐이다. 우리 각자에게는 저마다 왜 배우는지에 대한 수많은 이유가 있을 수 있다. 성적을 올리기 위해서, 자격을 취득하기 위해서, 교양을 쌓기 위해서, 삶의 양식을 기르기 위해서 등등. 다양한 배움의 이유들에도 불구하고, 자기만의 이유를 생각하지 않은 채, 배우는 일에만 매달리는 사람이 의외로 많다. 한 번쯤 왜 배우느냐고 이유를 물어보면, "당연히 배워야지 안 배우면 어떡하냐?"고 오히려 반문하는 사람도 있다. 그러나 생각만큼 자기가 왜 배우는지를 깊이 헤아려 본 사람은 많지 않다.

왜 배우는지 그 이유를 생각해 보는 게 중요한 까닭이 있다. 첫째, 배우는 이유를 알면 배움에 보다 자발적, 적극적이게 된다. 사람은 누구나 자신이 의미 있는 일을 하고 있다고 여길 때, 보다 열중하기 때문이다. 둘째, 이유를 스스로 생각하면 배움을 오래 지속해 나갈 수 있다. 기분에 따라, 주변 분위기에 따라 배웠다가 그만두었다가를 되풀이하지 않고, 꾸준히 자기의 배움을 지속할 수 있다. 배우는 자기만의 이유가 있기 때문에, 쉽사리 외부 여건과 자기 감정 기복에 흔들리지 않을 수 있다. 셋째, 자신이 왜 배우는지를 생각하면 배움의 소중함을 깨닫게 된다. 살아가는 일이 곧 배우는 일임을 새삼 깨닫게 된다. 지금 내가 하는 행위 하나하나가 배움이 아닌 게 없다는 것을 인식하게 된다. 넷째, 자신만의 배우는 이유를 가지면, 배움의 태도로 일상을 대할 수 있다. 배운다는 의식을 가지고 일상을 대하는 것과, 배운다는 인식 없이 삶을 대하는 것은 큰 차이가 있다. 배운다는 인식을 가진 사람은, 어렵고 힘든 상황을 만나더라도 쉽게 하고 있는 일을 포기하지 않는다. 지금의 어렵고 힘든 시간이 결국 자신을 성장시킨다는 것을 알기 때문이다. 이것만으로 배움의 이유를 생각해 볼 가치는 충분하지만, 마지막으로 가장 중요한 이유는 배움에 대해 폭넓게 유연하게 대할 수 있기 때문이다. 책, 강연, 전문가라는 틀에 박힌 배움의 대상에서 벗어나 만남, 대화, 자연, 성찰 즉, 일상 속에서 배울 줄 알게 된다. 이 얼마나 큰 변화인가? 배움이 특정 대상과 장소, 내용에만 있다는 태도와 나의 일상 모두가 배움의 대상이라는 태도 사이에!

배우는 이유를 생각한다는 것은 배움에 대해 진지하게 대하겠다는 스스로의 다짐이다. 오래 진지하게 배울 게 아니라면, 배우는 이유 따위는 생각할 필요조차 없기 때문이다. 지금부터라도 나는 왜 배우는지? 그 이유를 자문해 보자. 설령 이유가 여러 가지이거나, 불명확하더라도 괜찮다. 내가 배우는 이유를 생각해 본다는 자체만으로도 내 시간과 노력을 들일 가치는 충분하다. 더 이상 "배워야 한다니까, 배우라고 하기에, 당연한 거 아니야?"라고 생각하지 말자. 곰곰이 생각해 보면 이것 말고도 얼마든지 다른 것을 배울 수 있음에도 불구하고, 지금 내가 이것을 배우는 이유가 반드시 있다. 그 이유를 자각하는 순간, 지금까지와는 비교할 수 없는 호기심과 열정이 솟아난다. 내 배움에 힘이 실리고 탄력이 붙는다.

내가 왜 배우는지 그 이유를 묻는 것은 내 배움의 방향을 정하는 일이다. 한번 하고 말거나 단기간만 하고 그만둘 일이라면, 굳이 나의 소중한 시간과 노력을 들여 방향을 설정하지 않아도 좋다. 그러나 배움이 내게 의미 있는 일이라면, 내가 앞으로도 꾸준히 시간과 노력을 기울일 일이라면, 그 방향을 설정하는 일을 소홀히 다룰 수는 없다. 어떤 방향을 설정하느냐가 큰 틀에서 어떤 사람으로 성장하느냐를 결정하기 때문이다. 왜 배우는지를 생각함으로써 배우는 태도와 방법 등의 세부 실천계획이 결정된다. "무엇을 배울 것인가? 어떻게 배울 것인가? 배워서 무엇을 할 것인가?"의 세부 사항이 자연스럽게 배움의 방향과 연결되기 때문이다.

내가 왜 배우는지 그 이유를 생각한다는 자체가 이미 배움의 길에 제대로 들어섰음을 알려주는 지표가 된다면 지나친 것일까. 나는 보다 유연하게, 보다 자유롭게 살기 위해 배운다. 배움을 통해 조금이라도 더 유연하게, 자유롭게 되고 싶기 때문이다. 이런 이유가 있기에 배움이 나에게는 삶의 중요한 과제가 아닐 수 없다! 당신은 지금 왜 배우는가?

배움에 대한 자신의 인식과
태도를 바로 세우는가?

　배움에 대한 나의 인식과 태도를 바로 세우는 일은 중요하다. 무슨 일이건 기반이 탄탄해야 중간에 흔들리지 않고 지속할 수 있기 때문이다. 배움에 대한 막연한 기대나 동경만으로는 배움에 진지하게 임할 수가 없다. "하다 보면 되겠지"라고 여기면 쉽게 포기하게 되거나, 자신의 성장이 느껴지지 않으면 게을러지기 쉽다. 먼저 배움에 대한 나의 인식과 태도를 점검해 보자. 이 일은 앞서 살펴본 배우는 이유와 밀접한 관련이 있다. 배움에 대한 자기의 이유가 명확할수록 배움에 대한 인식과 태도 역시 확고하고, 배움에 대한 인식과 태도가 올바를수록 배움의 이유를 명확히 인식하게 된다. 배움에 대한 인식과 태도는 "내가 배움을 어떻게 생각하는가? 어떻게 대하는가?"의 문제이다. "배움을 수단으로 여기는가? 목적으로 삼는가? 지식습득을 목적으로 하는가? 자기성장을 더 중시하는가? 단기성과 창출의 수단으로 활용하는가? 내 삶을 풍요롭게 만드는 기반으로 대하는가?"에 따라 배움에 대한 나의 인식과 태도가 달라진다. 배움에 어떤 기대를 품고 있느냐에 의해 나의 인식과 태도가 결정된다. 배움에 대한 나의 인식과 태도는 자기도 모르는 사이에, 인지하지도 못하는 속도로 오랜 기간에 걸쳐 서서히, 여러 다양한 요소들에 의해 형성된다. 자신이 의식적으로 되돌아보지 않으면, 자신의 인식과 태도임에도 불구하고, 자신이 알아차리지 못하게 된다. 어쩌면 배움에 대한 자신의 인식과 태도를 지금까지 한 번도 성찰해 보지 않았을 수도 있다.

  사람은 자신이 큰 기대를 품은 일에는, 시작 단계부터 그만한 시간과 노력을 쏟을 각오를 다지게 된다. 자기 인생을 바꾸기를 기대하면서도 쉽고, 편한 방법만 찾는다면 어리석은 사람이거나, 빠르고 노력 없이 이루어지길 바란다면 도둑 심보를 가진 사람에 불과하다. 지금 내가 작은 기대만을 걸고 있기 때문에, 내 시간과 노력을 배움에 충실히 쏟아붓고 있지 않은 건 아닌가. 지금까지 오랜 시간을 배워왔음에도 내가 크게 성장하지 못했다 여기기에, 배움에 대해 더 이상 별 기대를 품고 있지 않은 건 아닌가.

  배움에 대한 인식과 태도가 중요한 이유는, 배움에는 특별한 방도가 없을뿐더러, 결코 단기간에 이룰 수 없는 일이기 때문이다. 배움만큼 정직한 것도 없다. 배움에는 자기 시간과 노력을 쏟아붓는 것 외에는 달리 다른 방법이 없기 때문이다. 배움으로 원하는 성과를 이룰 수 있을 뿐만 아니라, 자기 삶을 향상시킬 수 있다고 진심으로 믿는가? 배움으로 자기 길을 개척할 수 있다는 확신을 가지는가? 최소한 배움으로 자기 현실을 보다 낫게, 자기 삶을 보다 풍요롭게 만들겠다는 각오를 가지고 있는가? 배움에 대해 이만한 인식과 태도를 가지는 게 좋겠다. 이만한 인식과 태도를 가진 사람이라야, 배움을 즐길 수 있고, 배움으로 자기 삶을 채워나갈 수 있다. 이런 인식과 태도를 가진 사람이라면, 배움으로 무엇을 이루지 않아도 좋다. 배우는 과정에서 이미 즐겁고 행복하기 때문이다. "무엇을 이루었느냐? 어떤 지위를 얻었느냐?"는 중요한 게 아니라 여기기에, 지금까지 즐겁게 배워왔고, 앞으로도 유쾌하게 배우면서 살아갈 것이기에 결과에 연연할 필요가 없기 때문이다. 이외에 달리 다른 무엇을 위해 배우려 하는가. 배우는 삶을 즐기고 있는데 다른 무엇을 더 기대하겠는가.

배움에 대한 자기 인식과 태도를 되돌아보는 일이 바람직한 인식과 태도를 만들기 위한 첫걸음이다. 지금의 내 위치를 알아야 나아갈 방향을 가늠할 수 있기 때문이다. 배움에 대한 인식과 태도가 처음부터 너무 거창하거나 담대하지 않아도 괜찮다. 처음에는 작은 기대를 품었더라도, 배움을 수행해 가는 과정 속에서 저절로 기대가 높아지기 마련이다. 다만 지금은 저

멀리 있는 높고 찬란한 정상을 한 번이라도 자기 마음에 품어 보기를 권한다. 주위에 배움에 매진하고 있는 사람이 있다면, 한번 물어보라. 어떤 인식과 태도를 가지고 있는지. 무엇이 그 사람을 그토록 배움에 정진하게 하는지. 아는 만큼 보이고, 행하는 만큼 깨닫게 된다. 배움에 대한 나의 인식과 태도를 정기적으로 점검하고, 나태해지려는 나를 바로 세우자. 자기 수양을 위한 배움에 어찌 게으름이 있으며, 어찌 중도 포기가 있을 수 있겠는가!

 지식을 습득하려 하기 이전에 배움에 대한 내 인식과 태도부터 바로 세우는 데 힘써야 한다. 의무와 스트레스로 배움을 대하는 대신, "배움이 내게 무엇인지? 배움이 내 삶에 어떤 영향을 미치는지?"를 먼저 생각해 보아야 한다. 평생을 지속해야 할 배움이기에, 배움에 대한 나의 인식과 태도를 올바로 세우는 일이 그 무엇보다도 중요한 일이 아닐 수 없다. 새로운 지식과 대상만 찾으려 할 게 아니라, 새로움이란 세상을 대하는 나의 인식과 태도를 바꿈으로써만 가능하다는 것을 올바로 인식해야 한다. 새로운 지식에만 매달릴 일이 아니라, 대상을 새롭게 볼 수 있는 나의 인식과 태도를 먼저 바로 세우는 데 온 마음을 기울여야 하는 게 아닐까? 스스로 배우는 사람은 배움에 대한 자기 인식과 태도를 바로 세우기를 가장 우선하는 사람이 아닐까!

무엇을 배워야 하는지, 무엇을 배우고 싶은지를 자신에게 묻는가?

우리는 사회인으로 첫발을 내디딜 때까지 주어진 것을 배우는 일에만 몰두해 왔다. 학창 시절에는 배워야 할 거리가 언제나 눈앞에 산더미처럼 쌓여 있었다. 그러나 사회인이 된 지금 무엇을 배워야 하는지를 일일이 가르쳐 주는 사람이 없다. 대놓고 질문하기에도 상대의 눈치를 보지 않을 수 없다. 아무것도 모르는 것처럼 비춰질 수 있기 때문이다. 무엇을 배워야 하는지가 타인에 의해 주어졌을 때는 아무 생각 없이 주어진 것만 배우면 되기 때문에, 스스로 생각할 필요가 없었다. 누가 얼마나 빨리, 많이, 정확히 배우느냐가 우열을 가리는 기준이었기 때문이다. 이런 기준에 길들여져 온 우리는, 정작 무엇을 배워야 하느냐를 스스로 찾아야 할 시기에는 막막해진다. 도대체 누구에게 물어야 하며, 설령 누군가가 말해준다 한들 그 일이 진정 내가 배워야 할 것인지 확신이 서지 않는다. 왜냐하면 사회인은 각자에게 주어진 배움의 과제가 저마다 다르기 때문이다. 이때부터 갑자기 누구와 무엇으로 경쟁하는지가 불분명해진다. 그러나 시간이 지나면서 이제 '성과'라는 단 하나의 기준으로 모두가 경쟁하고 있다는 것을 깨닫게 된다. 심지어 내가 물어본 사람조차도 넓게는 나의 경쟁자라는 것을 새삼스럽게 인식하게 된다. 우리는 왜 지금까지 무엇을 배워야 하는지를 스스로에게 묻지도 않았고, 생각하지도 않았을까? 지금까지 우리는 물을 필요도 없었고, 어쩌면 물을 기회조차 가져보지 못했기 때문이 아닐까.

사회인이 된 지금 첫 번째 질문은 이것이다. 나는 지금 무엇을 배워야 하는가? 이 질문은 간단히 답할 수도 있지만, 한 번쯤 깊이 생각해 봐야 할 질문이다. 사회인으로서 앞으로 내 진로의 방향이 결정되는 중요한 질문이기 때문이다. 사회 선배들을 보며 이것저것 내게 필요하다 생각되는 것들을 배운다. 이제 제법 내 밥값을 하는 것 같아 보람도 느끼고, 자리도 잡아가고 있다는 느낌도 든다. 하지만 곧이어 더 어려운 질문이 우리를 기다리고 있다는 것은 미처 알아차리지 못한다. "나는 무엇을 배우고 싶은가?"라는 질문이 바로 그것이다. 누구에게 물어볼 수도, 대신 답해줄 수도 없는 물음이다. 더군다나 학창 시절 이후로 배움을 손에서 놓은 지가 한참이나 지난 후이기 때문에, 의식적으로 자신에게 묻지 않으면 생각해 보지도 못한 채 시간이 바삐 흘러가 버리고 만다. "나는 무엇을 배우고 싶은가?"라는 질문은 단지 배움에만 국한된 문제가 아니다. "내가 누구인지? 어떻게 살고 싶은지?"와 긴밀히 연결된 질문이다.

 내가 지금 배우고 싶은 게 명확하다면 행복한 사람이다. 그 일에 자기 열정을 쏟아붓기만 하면 되기 때문이다. 그러나 40대~50대의 사회인에게 이 질문은 너무나 막연한 물음이 아닐 수 없다. 직무에 관련된 배움이라면, 배워야 할 일 가운데서 하나 고를 수 있을 텐데, 이 질문은 직무에만 국한된 문제가 아니기 때문이다. 직무일 수도, 취미일 수도, 제2의 인생일 수도 있는 나 자신에 대한 근원적인 물음이기 때문이다. 더군다나 앞으로 남은 내 인생에 큰 길라잡이가 될 수도 있기에, 보다 신중하지 않을 수 없다. 그럼에도 "나는 무엇을 배우고 싶은가?"를 자신에게 묻고 있는 사람은 운이 좋은 사람이다. 지금까지 살아온 대로, 주변에서 살아가고 있는 대로, 그렇게 살아야 한다고 여기는 대로만 살아가는 사람들이 대부분이기 때문이다.

 스스로 배울 줄 아는 사람은 "나는 무엇을 배우고 싶은가?"라는 질문이 "내 삶을 어떻게 할 것인가?"라는 문제와 연관되어 있다는 것을 아는 사람이다. 배움이 단지 경쟁우위를 위한 수단, 무엇을 이루기 위한 방편에만 머물지 않는다는 것을 알기 때문이다. 무엇을 배운다 생각하면, 틀에 박힌 것처럼 운동, 악기, 기술, 어학만을 떠올리는 경우가 많다. 이런 틀에 얽매일 필요가 전혀 없다. 나의 인생에 긴밀히 관련된 일에서부터 차분히 찾아보는 게 좋다. 음식 만들기, 화단 가꾸기, 자연생태 배우기, 내 삶의 철학 찾기, 즐거운 만남 만들기, 행복한 가정 가꾸기, 독립심 키우기, 홀로 살아가기 등 얼마든지 주제와 범위를 다양하게 확장할 수 있다. 너무 심각하게 생각하여 "한번 정하면 10년을 계속해야 한다거나, 중간에 바꾸어서는 절대 안 된다거나, 무엇을 반드시 이루어야만 된다"고 여길 필요가 없다. 지금 여기서 "나는 무엇을 배우고 싶은가?"를 자신에게 꾸준히 물으면 된다. 자꾸 묻다 보면 어느새 이 질문으로 인해 자기 삶이 보다 열정적이게 됨을 느낄 수 있다.

필자는 최근에 성찰에 대해 다시 배우고 있다. 지금까지 일기 쓰기, 되돌아보기, 반성하기를 수시로 해왔음에도 불구하고, 나 자신이 많이 변하지 못했다 여기기 때문이다. "조금 더 관용적으로 타인을 대할 수 없을까? 내가 먼저 조금 더 협력할 수 없을까? 조금만 더 더불어 살 수 있는 방법이 없을까?"에 대한 해법을 찾고 싶기 때문이다. 나의 이 배움에 무슨 정답이 있겠는가? 그러나 이 질문들을 생각하는 것만으로도, 나 자신의 태도와 행동을 더 성찰하게 된다. "내가 오늘 상대에게 화를 냈구나, 먼저 반갑게 인사하지 않았구나" 하고 반성하면서, 오늘도 나는 나 자신에게 묻고 있다. 스스로 배우며 성장하는 사람은 무엇을 배워야 하는지, 무엇을 배우고 싶은지를 자신에게 끊임없이 묻는 사람이 아닐까! 당신은 "지금 무엇을 배우고 싶은가?"를 자신에게 묻고 있는가?

배워야 하는 것이 아니라
배우고 싶은 것에 집중하는가?

사람으로 살기 위해 불가피하게 누구나 배워야 하는 게 있다. 학생이란 이 사회에서 살아가기 위한 필수적인 배움을 수행하는 시기가 아니겠는가. 그러나 사회로 진출하고 나서도 배워야 하는 것에만 얽매여서는 안 된다. 배워야 하는 것만 배우는 사람에게는 자발성도, 적극성도 엿볼 수 없기 때문이다. 잘해봐야 타인의 욕망을 실현시켜 주는 대리인에 불과할 수밖에 없다. 결국 자기가 바라는 삶을 살기 위해서는 자기가 배우고 싶은 것에 전념해야 한다. 무엇이든 배우고 싶어 하는 것에는 자기의 시간과 노력이 필요하다. 스스로 배우는 사람은 배워야 하는 것을 남들보다 더 잘 배우는 사람이 아니라, 자기가 배우고 싶어 하는 것에 남다른 열정을 투자하는 사람이다. 이 특징으로 인해 남과 다른 자기만의 삶을 개척해 나갈 수 있는 것이다.

자신이 배우고 싶어 하는 것을 어떻게 알 수 있을까? 간단하지만 효과적인 방법이 있다. 평소에 해보고 싶었던 일, 재미를 느꼈던 일, 투자한 만큼 성과가 있었던 일, 할수록 더 하고 싶은 일이 바로 내가 배우고 싶어 하는 일들이다. 오래 지속할 수 있다면 누구나, 비록 최상은 아니라 할지라도 높은 수준에는 이를 수 있다. 아니 어쩌면 평범한 우리가 원하는 바를 이루는 유일한 방법이 꾸준함을 통한 지속의 힘을 빌리는 것은 아닐까. 자신이 배우고 싶어 하는 것을 찾는 위의 방법이 다르게 생각해 보면, 내가 오래 지속할 수 있는 일을 찾는 법과 다르지 않다는 것을 알게 된다. 설령 중간에 그만두는 일이 있더라도 자기가 배우고 싶어 하는 것에 매진하는 것은 중요하다. 최소한 잠자고 있던 자기 열정을 불러일으킬 수 있기 때문이다. 그냥저냥 시간만 보내는 일이 얼마나 많은가. 의미 없이 하루를 보내는 날이 또 얼마인가. 배워보겠다는 열정을 품고 도전하는 것만으로도 삶이 활기차게 바뀌고, 배우는 동안만큼은 내 삶을 보다 의미 있는 시간으로 채울 수 있다. 이왕이면 자발적으로 선택한 배움이기에, 배워야 하기에 배우는 것보다 한발 더 나아가 보려 하게 된다. 누가 시킨 것도 아니고, 남과 비교할 필요도 없으며 쉽게, 빨리, 많이 배우려 하지 않게 된다. 아니 오히려, 그렇게 하지 않기에 배움을 내 속도에 맞게, 오래 지속할 수 있는 게 아닐까. 지금까지 이미 충분히 쉽게, 빨리, 많이 배우는 데만 몰두해 오지 않았는가. 지금 배우고 있는 것에 천천히 시간을 오래 들이고, 정성을 꾸준하게 들이자. 배움에 대한 나의 태도가, 내가 들이는 시간과 정성에 따라 점점 진중하게 변하게 된다. 조급하게 배울 때는 미처 몰랐던, "무엇이 중요한지? 왜 그렇게 하는지?"가 서서히 내 눈에 들어온다. 배우는 주체인 나 자신이 이 상태에 이르면 좀처럼 배움을 중단하지 않게 된다. 배우는 재미를 느끼게 된다. 배워야 하는 것을 배우는 과정에서는 한 번도 느껴보지 못했던 보람과 재미를 맛보기 때문이다. 배우는 일에 한두 번 이런 재미를 느끼게 되면, 이제 새로운 배움에 대해서 겁을 먹기보다는 마음을 열게 된다. 더 이상 배움이 단지 잘하고 못하고의 문제가 아님을 알게 된다. 배움이 내 삶을 어떻게 대하느냐의 문제가 된다는 것을 깨닫게 된다. 이렇게 지금 내가 배우는 것에 집중하는데 잘하지 못할 리가 있겠는가! 중도에 그만둘 리가 있겠는가. 이런 배움을 통해 얻는 가장 큰 수확은 기술이나 지식이 아니라, 자기 자신을 믿을 수 있게 된다는 것이다. 배우는 과정에서 겪는 어렵고 힘든 시간을 견뎌냈기에 다른 것도 해낼 수 있다는 자신감을 가지게 된다. 단지 배우고 싶은 것을 배운 것뿐인데도, 자신을 믿을 수 있게 된다는 것이 잘 믿기지 않는가. 지금까지 수동적, 소극적인 배움만을 행해온 우리가 배움에 대해 능동적, 주도적으로 변한다는 것은 단지 배움에만 해당되는 게 아니다. 삶을 대하는 태도변화로 이어지게 된다.

배우고 싶은 것을 찾는 일이 생각만큼 쉽지 않을지 모른다.

처음 마음먹은 것보다 시간과 노력, 비용이 더 많이 필요할지도 모른다. 그래서일까? 지금까지 한두 번 마음만 먹었다가 실제로 행하지 않았던 경우가 얼마나 많았던가. 지금 다시 무언가를 배우고 싶은 마음이 생겼다면, 이번에야말로 예전처럼 그냥 외면하지 말고 바로 시작해 보자. 하다가 아니면 아니함만 못한 게 아니라, 해본 그만큼은 배우는 것이다. 지금까지 남에게 인정받으려, 남보다 앞서려고만 했기에 배우는 일에 스트레스를 받았던 게 아닐까. 누가 알아주지 않아도, 남보다 잘하지 않아도, 성과가 없어도 내가 배우고 싶은 것을 마음껏 배우겠다는 마음가짐만으로도, 벌써 마음이 흐뭇해지지 않는가, 내면에서 열정이 샘솟지 않는가.

내가 배우고 싶은 것에 도전하는 첫걸음이 실수와 실패를 용인하는 것이 아닐까. 좀 잘못하면 어떤가? 중간에 그만두면 어떤가? 들인 노력만큼 성과가 없으면 또 어떤가? 내가 배우고 싶어 하는 일에서조차 잘해야 한다는 부담감, 남보다 앞서야 한다는 강박감을 갖고 있지는 않는가. 최소한 자신이 배우고 싶어 하는 일에서만큼은 스트레스가 아닌 생기를, 경쟁의식이 아닌 동료의식을 가지려 하자. 무엇 때문에 배우고 싶어 하는 일을 하면서까지 경쟁의식을 발동시키단 말인가? 그저 내가 즐기면 그만인 것을! 내 삶이 조금 더 활기차면 만족인 것을!! 스스로 배우는 사람은 그 누구보다 자기가 배우고 싶은 것에 전념하는 사람이다!!!

내 배움을
추구해 나가는가?

　우리는 지금까지 배움이 무엇인지를 물어왔다. 그러나 정작 가장 중요한 질문은 빠트려 놓고 있었다. 그 질문이란 "나의 배움이 무엇인가?"이다. 남들이 말하고, 행하는 배움이란 그들의 배움일 뿐이다. 이 세상 사람들의 숫자만큼이나 다양한 저마다의 배움이 있을 수 있다는 것을 인정해야 한다. 배움이 내 삶의 방향에 지대한 영향을 미치기에, 나의 배움이 무엇인지를 묻지 않을 수 없다. 필자가 생각하는 나의 배움이란, 내가 언제, 어디서, 무엇을, 어떻게, 왜 배우느냐에 관한 것이다.

　"나는 언제 잘 배우는가?" 이것을 아는 것은 중요하다. 오전에, 오후에, 새벽에, 한밤중에 언제 더 잘 집중이 되는가? 실제로 자신이 잘 배우는 상태를 명확히 아는 사람은 드물다. 언제, 어떤 때 자신이 잘 배우는지를 파악하고, 배움을 자신에게 맞게 바꿔나가야 한다. 새벽에 일어나는 사람이 밤늦은 시간에 잘 배우기 어렵고, 밤에 집중력이 높은 사람이 억지로 새벽에 배워도 효과적인 배움은 어렵다. 자신의 생활 리듬과 맞아야 집중하며 배울 수 있다.

나는 어디서 배우는가? 우리는 지금까지 대체로 책과 강의에서만 배워왔다. 사회인으로서의 배움은 학생 시절과는 다르다. 가만히 자리에 앉아서 배울 시간을 따로 마련하기가 쉽지 않다. 그래서 사회인으로서의 배움은 더욱 다양한 방법을 추구해야 한다. 자신이 많은 시간을 보내는 활동에서 배우는 법을 찾는 것이 가장 현명하다. 사람을 만나는 일이 잦다면 만남과 대화에서, 다양한 경험을 하는 일이라면 체험을 통해서, 자연과 더불어 하는 시간이 많다면 자연에게서 배우려 하자. 배울 시간과 장소가 따로 마련되어 있지 않은 사회인이기에, 내가 언제, 무엇에서 배울 수 있는지를 보다 넓고 다양하게 찾아보아야 한다. 내가 무엇에서 배우는지를 알면, 내게 어울리는 배움을 찾을 수 있다.

나는 무엇을 배우는가? 기술지식에, 사람 관계 지식에, 경제 지식에, 삶에 관한 지식에 목말라하는가? 무엇을 배우는지는 지금 내가 처한 상황과 관련이 깊다. 지금 내가 무엇을 배우는지를 알면, 보다 집중적으로 그 분야의 지식을 배울 수 있다. 독서, 나의 일, 대화와 일상 속에서, 내가 지금 배우고자 하는 것과 관련된 지식에 보다 예민하게 반응할 수 있다. 지금 무엇을 배우는지를 인식하면, 단기간에 집중적으로 해당 지식에 전념할 수 있다. 지금 내게 필요하고, 절실한 배움이야말로 가장 잘 배울 수 있지 않을까.

"나는 어떻게 배우는가? 질문, 숙고, 정리, 성찰을 통해 배우는가?" 이 질문은 나의 자질 및 성향과 깊은 관련이 있다. 책을 읽는 것보다 질문을 통해서 더 잘 배우는 사람이 있다. 많은 이야기를 듣기보다 숙고를 통해 보다 더 잘 배우는 사람이 있고, 차분히 보고 들은 바를 정리함으로써 배우는 사람도 있다. 배움의 대상이 외물이 아니라 자기 자신에게서 더 잘 배우는 사람도 있다. 자기 내면을 주시하는 사람이라면, 외부 대상에 신경 쓰기보다는, 자기 자신을 깊이 들여다봄으로써 배우는 게 더 많다. 내 자질과 성향에 맞는 배움이야말로 나의 배움이 아니겠는가!

어쩌면 우리는 지금까지 단 한 번도 지금 내 배움이 무엇인지 묻지도 않았고, 알아보려고 하지도 않은 채, 열심히 배우고 있다고 착각하고 있었던 건 아닐까. 내 배움에 대해 생각하지 않았기에, "이건 알아야 한다. 이게 중요하다. 이 지식은 필수다" 하는 남들의 말에 혹해서 무작정 따라 배우기에 급급해 온 건 아닌가. 우리 사회에 인문학 열풍이 불면 인문학 쪽으로, 과학을 알아야 한다고 할 때는 과학 쪽으로, 문화·예술을 모르면 교양인이 아니라고 하니까 내게 필요하지도 않고, 관심도 없는 문화·예술에 기웃거리고 있지는 않은가.

한두 번만 해보고 그만둘 배움이 아니라면, 앞으로의 내 삶에 배움이 필요 없는 게 아니라면, 내 배움을 먼저 생각해 보아야 한다. 더 이상 남들의 그럴싸한 배움이 아닌, 내게 맞는 나의 배움을 추구해 나가야 한다.

내 배움에 맞는 지식을 찾아가는 과정에서 겪는 여러 시행착오를 기꺼이 감당하려 하자. 시행착오를 겪는 과정에서 우리는, 내 배움을 더 잘 인식하게 되는 게 아닐까. 내 배움에 대해서는 생각하지도 배우려고도 하지 않은 채, 여전히 남들이 좋다 하는 배움에 휘둘리고 있지는 않는가.

필자의 경우 새벽에는 나를 성찰하면서, 일깨우는 배움이 머리에 잘 들어온다. 오전에는 삶의 열정을 솟게 하는 배움이, 오후와 저녁에는 가벼운 수필에 마음이 간다. 무엇을 배울지는 지금 내게 필요한 것이 무엇인지를 자문함으로써 결정하고 있다. 배우는 장소는 아무래도 조용한 곳을 선호하는 필자의 성향에 따라, 주로 서재나 도서관이다. 필자의 기초 지식이 부족한 분야는 자료 모으기로, 현실적 문제는 사색으로, 운동의 경우는 일단 몸 먼저 뛰어들고 본다. 여전히 내 배움을 찾아가고 있지만, 가끔씩 "그래 이게 내 배움이지!" 하는 생각이 들 때도 있다.

왜 배움에서조차 빨리, 많이를 추구하는가? 빨리, 많이 배우기도 어려울뿐더러, 그렇게 해서 도달하고 싶은 곳이 대체 어디인가? 아무 생각 없이 시대의 흐름에 쫓겨, 어쩌면 불필요하기까지 한 '빨리', '많이'만을 추구하고 있는 건 아닌가. 배움에서만큼은 지금부터라도 빨리, 많이 대신, 내 자질과 성향, 상황에 맞게를 지향하자. 내 배움이 무엇인지를 스스로에게 자문함으로써!

스스로 배우는 사람은
무엇을 배우는가?

지금 내게 필요한 것을 배우는가?

 학생 시절에는 내가 필요해서 배워본 적이 없다. 우리는 지금까지 타인이 배우라고 하는 것, 사회가 필요하다 하는 것, 남보다 앞서기 위해 배워야 하는 것만 배워왔다. 스스로 배우는 사람은 자신에게 질문하는 사람이다. 그 물음 중에 중요한 질문 중 하나가 "지금 내게 필요한 배움이 무엇인가?"이다. 누구는 직무와 관련된 것을 배워야 한다. 또 누구는 경제를 알아야 한다. 다른 이는 사람 관계에 대해 배워야 한다고 말한다. 모두가 우리에게 필요한 배움이다. 그럼에도 지금 내게 필요하지 않은 배움이라면 자발적이고 능동적이기 어렵다. 주체적이지 못하고 피동적으로 배움을 대하게 된다.

꾸준히 배워가다 보면 정치, 경제, 사회, 문화를 두루 섭렵할 수 있다. 그러나 지금 내게 필요한 배움은 특정 분야, 특정 주제이다. 지금 내게 필요한 배움이 크게는 내 인생의 방향을 설정하는 일일 수도, 작게는 용돈을 관리하는 방법일 수도 있다. 인생의 방향을 정하는 배움은 중요하기에 의미가 있고, 여가 시간을 보내는 법은 의미 없는 배움이 아니다. 누가 뭐라고 하든 지금 내게 필요한 배움이 내게 가장 중요하며, 이때가 그 배움이 내게 가장 절실한 순간이다. "지금 다른 급한 일도 많은데, 또 다음에 기회가 있겠지" 하며 미룰 일이 아니다. 아니, 오히려 다른 일을 제쳐두고 행해야 할 중요한 일이라 여겨야 한다. 지금 내가 필요한 이 배움이야말로 지금 내 삶에 가장 절실한 배움이라 여기자. 다른 기회에 몇 배의 시간과 노력을 투자하는 것보다, 지금 시간을 쪼개서라도 배우는 것이 내게 가장 와닿으며, 또한 가장 효과적으로 배울 수 있는 기회이다. 지금까지 "다음에"라며 얼마나 많은 배움의 기회를 그냥 흘려보내고 말았는가.

근래에 사랑하는 사람과의 약속을 지키지 못했다면, 미안함을 느끼는 지금이 약속 지키는 효과적인 방법을 배울 최적의 시간이다. 상대와 심하게 다투었다면, 지금이야말로 신뢰 관계를 쌓아가는 방법을 배울 적기이다. 내가 산 주식만 가격이 떨어진다면, 다른 때가 아닌 바로 "지금"이 주식에 대해 가장 잘 배울 수 있는 순간이다. 지금 내게 필요한 배움을 외면하거나, 미뤄서는 안 된다. 내게 필요하다 여기지 않았기에 학교 공부도, 직장교육도 흥미 없이 수동적으로 대해오지 않았는가. 그 결과로 지금 내게 남은 것이 아무것도 없지 않은가. 최고의 지식이라도 지금 내게 필요하지 않으면 잘 받아들이지 않는다. 다시없을 훌륭한 강연이라도 지금 나와 동떨어져 있다면 집중하지 못한다. 지금 내게 필요하다는 것은 마침내 내가 그 대상을 제대로 배울 기회와 마주친 것이라 여겨야 한다. 일기일회(一期一會)라 하지 않든가. 오랜 시간을 보내고 나서야 비로소 지금 그 대상이 내게 말을 걸어오고 있는 것이다. 어찌 맞이한 기회인데, 이 순간을 소중히 대하지 않을 수 있겠는가. 우리가 해야 할 일은 단 하나뿐이다. 지금 내게 다가온 이 배움의 기회를 최선을 다해 붙잡는 것이다. 지금 내게 필요한 배움이기에 전에 없던 열정이 생겨나고, 무서울 정도로 집중하게 된다. 이런 태도로 배우는 사람은 절대로 대상을 허투루 대하지도, 쉽게 잊어버리지도 않는다. 자기 몸과 마음에 깊이 새겨 넣는다. 어떤 훌륭한 책도, 뛰어난 강연도 지금 이 순간의 감동과 깨달음을 내게 전해주지는 못한다. 책과 강연의 문제가 아니라, 그만큼 나 자신이 그 대상을 향해 열려 있고 집중하고 있기 때문이다.

한 번이라도 지금 내게 필요한 것을 배우는 데 집중해 본 적이 있는지 되돌아보자. 그때의 기억을 떠올려 본다면, 그 순간이야말로 자기 인생에서 가장 잘 배운 시간이었다는 것을 새삼 느낄 수 있을 것이다. 내가 지금 필요하다 여기지 않기에, 나와 동떨어져 있다 여기기에, 지금까지 자신이 잘 배우는 사람이라 여기지 않았던 건 아닐까. 학교에서와 직장에서의 배움을 단지 배워야만 하는 것으로 대해왔기에, 지루해하고 스트레스받으며, 한시라도 빨리 그 시간이 끝나기만을 기다려 왔던 건 아닐까. 그러나 나는 결코 배우지 못하는 사람도, 배움과 동떨어진 사람도 아니다. 내게 지금 필요하다 여기지 않았기에, 내가 먼저 대상을 향해 마음을 열지 않았기에, 배움에 수동적·소극적이었을 뿐이었다.

　우리는 무엇을 배워야 하는지, 무엇이 중요한 배움인지를 찾아 헤매고, 타인에게 묻곤 한다. 그러면서 정작, 지금 내게 필요한 배움을 왜 자신에게는 묻지 않는 것일까? 거창한 배움이 따로 있다 여기면서, 소중한 내 시간과 노력을 허비하고 있지는 않은가. 지금 내게 필요한 배움은 시시하다 여기거나, 소용없다 여기면서 소홀히 대하고 있지는 않은가. 누가 나의 중요한 배움, 사소한 배움을 정하는 것인가. 지금 내게 필요한 배움을 제쳐두면서까지 배워야 할, 그 중요한 배움이란 무엇인가. 남들이 보기에 의미 없다 여길지라도, 지금 내게 필요한 배움은 사소하지도, 무용하지도, 별볼일없지도 않다. 애초에 남의 시선 따위는 그리 중요한 것이 아니다. 자기 배움에 열심인 사람이 남의 눈치를 살피는 것을 본 적이 있는가. 자기 배움에 전념하는 사람이 남들이 어떻게 생각하는지에 관심을 가지는 것을 들어본 적이 있는가. 자기 배움에 열중하는 사람은 남의 시선을 무시하는 게 아니라, 자기 배움에 흠뻑 빠져 남에게 신경 쓸 겨를조차 없는 것이다. 지금 내게 필요한 것을 배우는 것만도 바쁜데, 어느 겨를에 남의 시선까지 신경 쓴단 말인가. 이만한 사람이라면 스스로 배우는 사람으로 성장하지 못할리가 없다. 아니, 배움을 이렇게 대하기에 스스로 배우는 사람으로 성장할 수밖에 없는 게 아닐까!

　필자는 최근에 나의 몸에 대해 관심이 생겼다. 나의 몸임에도 불구하고, 탈이 날 때마다 당연하다는 듯이 병원만 찾곤 하는 것에 마음이 쓰였기 때문이다. 나의 몸이기에 문제가 생기면 내가 즉시 알아차리고, 내 스스로 먼저 돌보아야 하지 않을까 하는 생각이 불현듯 들었다. 그동안 몇 번 겉장만 기웃거렸을 뿐, 좀처럼 완독하지 못했던 《동의보감》을 다시 찾게 되었다. 이전과 비교할 수 없을 만큼 집중이 잘되고, 하나라도 더 직접 적용해 보려는 열정이 샘솟아 났다. 이때의 《동의보감》이 내가 다른 때 읽었던 그 《동의보감》과 같을 리가 없다. 무성의하게 들었던 영상과 같을 리가 만무하다. 앞으로 《동의보감》이 또다시 내게 이렇게 다가올 수 있을지 알 수 없기에, 지금 온몸과 마음을 쏟아서 최선을 다하지 않을 수 없다. 지금 내게 필요한 것을 배우는 것보다 더, 스스로 배우는 사람으로 성장하게 하는 방법은 없는 게 아닐까.

스스로 배우는 사람은
어떻게 배우는가?

관찰과 경청, 질문, 사색으로 배우는가?

인간은 어떻게 스스로 배울 수 있는 것일까? 그 첫 번째 방법이 관찰(觀察)을 통해서가 아닐까. 우리는 눈을 뜨고 있는 이상 언제나 무엇인가를 보고 있다. 사실 눈으로 보는 시각에는 엄청난 양의 뇌 에너지가 소모된다. 우리가 깊은 생각을 할 때 눈을 감는 이유가 시각에 사용되는 뇌를 잠시 차단하고, 생각에 더 많이 할당하기 위해서이다. 우리 주변에는 온통 관찰할 것투성이다. 누구나 어릴 적에는 타고난 관찰자였다. 지나가는 개미, 길가에 피어 있는 꽃, 가지고 놀았던 장난감까지 어느 것 하나 깊이 들여다보지 않았던 게 없었다. 그러나 성인이 된 지금은 어떤가. 근래에 하나라도 깊이 관찰하기 위해, 가던 길을 멈춘 적이 있는가. 대상을 더 잘 이해하기 위해 온몸과 마음을 집중하여 들여다본 적이 있는가. 관찰만큼 배움의 태도를 잘 기를 수 있는 훈련이 없다. 아니, 관찰이 곧 배움이라 해야 하는 게 아닐까! 관찰을 하기 위해서는 특별한 도구나 기술이 필요하지 않다. 탁월한 집중력을 갖고 있거나, 남달리 지능이 뛰어나야 관찰을 할 수 있는 게 아니다. 그럼에도 지금까지 우리는 좀처럼 관찰을 하지 않았다. 더군다나 영상, SNS가 그 어느 시대보다 넘쳐나는 시기를 살고 있는 우리는 그나마 명맥만 유지해 오던 관찰력마저 잊어버린 채 살고 있다.

관찰로부터 배우기 위해서는 세 가지가 필요하다. 첫째, 왜 관찰하는지 목적의식을 가지는 것이다. 나 자신을 관찰한다고 가정해 보자. 그냥 보려고만 해서는 보이는 것도, 배우는 것도 많지 않을 것이다. 그러나 나의 먹는 습관을 관찰하고자 한다면 언제, 어디서, 무엇을, 누구와 먹는지에 집중하면서 나의 식습관에 대해 알게 되고, 나의 식습관에 맞추어 배워갈 수 있다. 무엇을 관찰하려 하는지, 왜 관찰하려 하는지 목적의식을 가지고 지켜봐야 한다는 것을 잊지 말자. 둘째, 관찰한다는 것은 대상을 오래, 자주, 끈질기게 지켜봐야 하는 일이다. 나의 식습관에 대해 몇 번, 며칠로 알아낼 수 있는 데는 한계가 있기 마련이다. 계절에 따라, 장소에 따라, 내 몸 상태에 따라 달라지는 식습관을 알아보기 위해서는 인내심을 가지고 오래, 자주, 끈질기게 지켜보아야 한다. 관찰에는 특별한 기술이 필요 없지만, 단 하나의 역량이 요구된다면 그것은 바로 "인내(忍耐)"일 것이다. 금방 눈에 띄고, 조금만 노력하면 알 수 있고, 다른 것과 확연히 다른 것은, 잠시의 눈여겨봄만으로도 알아차릴 수 있다. 그러나 관찰을 통해 배우겠다 마음먹었다면 목적한 바를 이룰 때까지 참고 견뎌야 한다. 어쩌면 관찰을 통한 가장 큰 배움은 대상에 대한 이해가 아니라, 성실과 끈기라는 무엇과도 바꿀 수 없는 역량을 기르는 것이 아닐까. 셋째, 관찰함으로써 배우기 위해서는 기록이 중요하다. 관찰하는 순간에는 잘 아는 것같이 여겨진다. 아니면 저번과 비슷하다 여기는 경우도 많다. 그러나 관찰한 것을 스케치하거나 글로 기록한다면 보다 정확하게 그 변화와 차이를 파악할 수 있게 된다. 시간에 따라, 환경에 따라, 누구와 함께 먹는가에 따라 나의 식습관이 얼마나 다른지 배우게 된다. 기록으로 남겨두면 관찰할 때는 미처 몰랐던 것을, 나중에 다시 정리하면서 깨닫게 되는 경우도 많다. 필자의 경우 아무런 맛도 모르고 어릴 때부터 어머님이 식탁에 올려주셨던 먹거리가, 나이 오십이 되고 나서 저절로 손이 가고, 일부러 찾게 된다는 것도 나의 지난 일기를 통해서 비로소 알게 되었다. 이래서 어린 시절 부모가 자식에게 무엇을 먹이느냐가 중요하다는 것을 알게 되고, 내 자식에게 간편하다 하여 아무것이나 함부로 먹여서는 안 된다는 것을 새삼 깨닫게 되었다. 관찰은 기록을 통해서 그 진가를 톡톡히 발휘하게 된다. 오늘부터 목적의식을 가지고 무언가를 관찰해 보자. 목적의식을 가지고 끈질기게 지켜보며, 스케치나 글로 기록을 남기

자. 관찰함으로써 분명 대상을 더 잘 이해하는 것은 물론이요, 관찰하는 주체인 자기 자신에 대해서도 보다 깊은 이해에 이르게 된다.

스스로 배우는 두 번째 방법은 경청(傾聽)함으로써이다. 지금은 "말을 잘해야 성공하는 시대"라고들 한다. 방송과 유튜브에서도 얼마나 말을 잘하느냐가 인기를 얻는 비결이다. 그러나 배움의 관점에서 본다면, 아무리 잘 배우는 사람이라 할지라도, 자기가 말을 하고 있는 동안은 배우지 못한다. 타인의 값진 지식과 경험을 가만히 경청함으로써 얼마나 많이 배울 수 있는가. 더군다나 상대에게 내 귀를 내어줄수록, 상대는 더욱 신이 나서 자신의 지식과 경험을 전해주지 못할까 봐 안달이 난다. 이보다 더 잘 배울 수 있는 방법을 나는 알지 못한다. 나는 오늘도 잘 배우기 위해 상대에, 자연에, 나 자신에게 더 귀를 기울인다. 듣겠다는 태도로 내 마음을 여는 순간 세상에 배움 아닌 것이 없음을 알게 된다. 내 귀는 언제나 열려 있기에 계속 무언가를 듣고 있다. 이왕에 듣는 것이라면 보다 신경 써서 들으려 하자. "이청득심(以聽得心, 들음으로써 상대의 마음을 얻는다)"이라 하지 않는가! 경청을 통해 상대의 지식과 경험을 배우는 것은 물론이고, 상대의 마음까지 얻어보자. 경청(傾聽)이 중요하다는 것은 누구나 알고 있다. 경청에 관한 책과 강연이 무척이나 많다. 그럼에도 실제로 경청을 실천하는 사람은 많지 않다. 나는 얼마나 경청하고 있는지 돌이켜 보자.

경청을 통해 배우기 위해서도 세 가지가 필요하다. 첫 번째, 배우려는 마음가짐이다. "나와 관련 없다, 내게 해당되지 않는다"라고만 여기지 말고, 작은 무엇 하나라도 배우려는 마음가짐으로 듣자. 나와 아무 관련 없는 이야기에서도 배우려 하면, 내게 도움이 되는 것을 찾을 수 있다. 배울 게 없는 게 아니라, 배우려 마음먹지 않았기에 배우지 못하는 것이다. 두 번째, 상대를 이해하려는 마음으로 귀 기울이자. 지금까지 상대 얘기를 들으면서도, 내가 말할 기회를 엿보거나 내 차례에 얘기할 내용을 생각하고 있는 경우가 얼마나 많았는가. 듣고는 있지만 상대를 이해하려 하기는커녕, 즉시 반박하거나 내 얘기를 할 기회만 노리고 있지는 않았는가. 순수하게 상대를 이해하려는 마음으로 들을 때, 우리는 상대에게 주의를 기울이게 되고, 듣고 난 후에 내게 남는 게 있다. 진심으로 이해하기 위해 순수하게 귀 기울일 때, 막혀 있던 대화의 물꼬가 트이게 된다. 자신을 이해하려 집중하고 있는 내게, 숨겨왔던 자기의 진심을 털어놓는 경우도 생긴다. "지성(至誠)이면 감천(感天)"이라 하거늘, 하물며 사람을 감동시키지 못하겠는가! 세 번째, 경청한 것을 차분히 정리해 보자. 경청하며 들었더라도 그 내용이 기억에 잘 남지 않을 수 있다. 경청한 것을 차분히 마음속으로 되새겨 보는 것만으로도 들었던 내용이 명확해지고, 기억에까지 오래 남게 된다. 경청한 내용 중에 유용한 것을 따로 메모하다 보면, 경청에 더욱 관심을 가지게 된다. 내 두 귀를 언제나 열어두고 경청을 통해 배워나간다면, 나의 배움이 얼마나 넓고, 깊어지겠는가. 내 귀를 내어줌으로써 스스로 배우는 사람으로 성장해 가자!

스스로 배우는 세 번째 방법은 질문(質問)함으로써이다. 스스로 질문을 한다는 것은 그 배움에 자신을 깊이 참여시키는 일이다. 일단 질문을 하면 없던 관심도 생겨난다. 자신이 질문을 한 이상 수수방관하는 태도로 대할 수는 없기 때문이다. 질문은 질문자에게는 특별한 의미가 있다. 자신의 호기심이 담겨 있고, 자신과 긴밀히 연결되어 있기 때문이다. 아무리 훌륭한 질문이라 하더라도, 나와 무관한 타인의 질문이라면 내게 와닿지 않는다. 투박하고 정제되지 않고, 남들이 보기에 하찮은 질문이라 하더라도, 질문을 하는 당사자인 나 자신에게는 의미 있는 물음이 된다. 질문을 한다는 것은 나의 자발성이 전제되지 않고서는 불가능한 일이기 때문이다. 지금까지 언제 우리가 배움에 자발성을 발휘해 본 적이 있던가. 질문을 던지는 그 순간 우리는 이미 배움에 스스로 참여한 사람이며, 배움의 주체로서 임하는 사람이다. 질문하는 사람에게 의미 없는 질문이란 없다. 우리는 지금부터라도 "무엇을 물어야 하는지?"를 깊이 생각해야 한다. 질문은 한 번으로 끝나지 않는다. 질문이 질문을 부르고, 질문이 스스로 생각하게 만든다. 좋은 질문은 생각의 방향을 바꾸어, 질문을 통해 해결의 실마리를 찾을 수 있게 만드는 힘이 있다. 단순한 궁금증에 의해 질문하기도 하지만, "무엇을 물어야 할지?"를 생각하면 더 좋은 질문을 떠올릴 수 있다. "무엇을 물어야 할지?"를 스스로 생각한다는 자체만으로도,

배움에 대한 열의가 한층 더 솟아나는 게 아닐까!

　스스로 배우는 마지막 방법은 사색(思索)을 통해서이다. 깊이 생각을 한다는 것은 정신을 한 대상에 집중한다는 의미이다. 우리는 누구나 생각하며 살아간다. 그럼에도 사색을 통해 스스로 배울 줄 아는 사람은 많지 않다. 사색할 거리가 없어서가 아니라, 한 문제에 대해 깊이 그리고 오래 사색할 줄 모르기 때문이다. 사색을 통해 배우기 위해서는 세 가지가 중요하다. 첫 번째, 무엇이 사색할 만큼 중요한 문제인지를 설정해야 한다. 깊이, 오래 생각하는 것 자체도 쉽지 않은 일이지만, 정작 중요한 것은 나에게 의미 있는 문제에 대해 사색하는 것이기 때문이다. 두 번째, 사색할 문제에 대한 자료를 수집해야 한다. 무턱대고 한 문제를 오래 생각하려 한다고 해서 좋은 생각을 할 수 있는 건 아니다. 깊이, 오래 생각하기 위해서는 생각 자료를 충분히 수집해야 한다. 생각 자료가 충분할 때야 비로소 사색을 통해 실마리를 찾거나, 좋은 해결책을 찾을 가능성을 높일 수 있다. 세 번째, 사색에 우호적인 시간과 장소를 정해야 한다. 자신이 원하는 때, 아무 곳에서나 사색할 수 있다면 아주 뛰어난 사람이다. 그러나 이런 경지는 정말 오랫동안 사색을 숙련해 온 사람이 아니라면 불가능하다. 설령 이런 경지에 오른 사람이라 하더라도, 사색에 우호적인 여건 마련을 피할 이유는 없다. 가능한 한 조용하고 내 생각을 방해받지 않는 시간과 장소를 물색할 필요가 있다. 근처 조용한 아침 공원, 한산한 오후 거리,

백색소음이 있는 저녁 카페는 필자가 자주 애용하는 사색에 우호적인 여건이다. 사색을 하면 해당 주제에 대한 집중력이 높아져 무의식적으로 계속 그 주제와 관련된 생각을 하게 된다. 심지어 다른 일을 하면서도 "해당 주제와 어떻게 연결시킬 수 있을까?"를 스스로 생각하게 된다. 더불어, 사색을 통해 원하는 바를 얻게 되면, 스스로 사색을 통해 배우는 참맛을 깨닫게 된다. 이후부터는 쉽게 편하게 남에게 의지하여 알려 하기보다는, 사색을 통해 스스로 배워가려는 노력을 기울이게 된다. 이런 노력을 기울이는 사람이, 스스로 배우지 못할 리가 없지 않을까!

관찰, 경청, 질문, 사색은 누구나 일상에서 할 수 있는 스스로 배우는 좋은 방법이다. 그럼에도 우리는 좀처럼 일상에서 실천하지 못한다. 왜 그런 것일까? "심부재언, 시이불견 청이불문(心不在焉, 視以不見 聽以不聞)"이라 하지 않던가. 우리가 마음을 다스리지 못해서, 봐도 보지 못하고, 들어도 듣지 못하기 때문이 아니겠는가. 스스로 배우는 사람은 자기 마음을 다스림으로써 관찰, 경청, 질문, 사색을 통해 끊임없이 배워가는 사람이 아니겠는가!

스스로 배우는 사람으로의
성장이 왜 중요한가?

지금 우리는 하루가 다르게 급변하는 시대에 살고 있다. 인터넷 취약계층이니, 무인기 소외계층이니, 스마트기기 불용세대니 할 만큼 신기술과 최신 기기들이 매일같이 쏟아져 나온다. 예전에 익숙한 것들에만 얽매여서는 은행 업무, 식사 주문, 인터넷 결제 등 그 무엇 하나 제대로 이용하지 못하게 된다. 언제까지 급변하는 사회를 탓하고 있을 수만은 없는 노릇이다. 최소한 내 삶이 불편하지 않을 정도만큼은 배워야 한다. 그리고 스스로 배우려 하면 얼마든지 배울 수 있다. 빠르게 변화하는 세상에 적응하기 위해서는 스스로 배우는 사람이 되어야 한다.

배움의 길에 끝은 없다. 고작 학업이 끝났다고 나의 배움과 성장이 끝났다고 어찌 단언할 수 있겠는가. 학교 교육이란 사회인으로 성장하기 위한 통과의례일 뿐이며, 앞으로 스스로 배우는 사람으로 성장하기 위한 기초적인 과정에 불과하다. 그런데도 "이제 배움이라면 지긋지긋하다, 배울 만큼 배웠다"고 여기면서 스스로 점점 배움에서 멀어지고 있지는 않은가. 다시 한번 자신을 되돌아보자. 왜 스스로 배우는 사람으로 성장이 그토록 중요한 걸까?

지금은 기존에 배웠던 지식의 반감기가 그 어느 시대보다 빠른 시대이다. 우리는 지금 사회인이 되고 나서 새롭게 배우지 않으면, 금방 뒤처지게 되는 세상에 살고 있다. 스스로 배우는 사람이 되지 않고서는 점점 쓸모없는 사람으로 취급받는다. 누구도 새로운 기술과 지식을 모두 섭렵할 수가 없고, 또 그럴 필요도 없다. 그럼에도 자기와 관련된 분야의 기술과 지식에 대해서는 스스로 배워가야 한다. 최신 기술이 빠르게 전파되어 내 삶에 큰 영향을 미칠지도 모르기 때문이다. 뒤늦게 타인에게 배우려 해서는 언제나 뒤처지게 된다. 틈틈이 조금이라도 스스로 배우고, 익혀나가야 한다. 지금 이 시대는 얼마나 많이 아느냐가 아니라, 새로운 지식을 얼마나 빨리 배우느냐가 관건인 시대이다. 스스로 배우는 사람이 되어야만, 최신 기술과 지식에 발 빠르게 대처할 수 있다.

챗GPT를 기점으로 AI 시대가 성큼 우리 앞에 다가왔다. AI는 단지 관련된 당사자, 소수의 전문가만의 문제가 아니다. 지금도 우리는 의식하지도 못하는 사이에, AI의 영향하에서 살아가고 있다. 나보다 더 나를 잘 알고 있는 AI가 내게 필요한 물품과 영화를, 내가 요청하기도 전에 먼저 알아서 알려주고, 심지어 나를 대신해서 주문까지 해준다. 어디 그뿐인가? AI로 인해 일자리를 위협받고 있는 사람들이 날로 늘어가고 있다. 지금 내가 하는 일만 열심히 하면 된다는 생각에만 매달릴 때가 아니다. AI로 인해 내 업무가, 내 역할이, 내 삶이 어떻게 변화할지 알아보고, 배우고, 활용해야 한다. AI는 워낙 광범위하고 빠르게 변화하는 고도의 기술이기에, 어느 한 사람에게만 물어보거나 배우기가 어렵다. 그래서 더욱 스스로 배울 수밖에 없다. 스스로 먼저 배우다가 막히거나, 모르는 것은 물어서 해결할 수 있다. 그냥 "AI가 무엇인가? 어떻게 대응해야 하는가?"라고 묻는 것은 명확한 답변을 기대하기도 어려울 뿐 아니라, 실제 큰 도움이 되지도 않는다. 나와 관련된 AI를 어떻게 배우고, 익히느냐가 관건이기에, 먼저 내가 스스로 배움에 나서야만, 내가 필요로 하는 AI에 대해 제대로 알 수 있다. "AI는 나와 상관없다, AI 없이도 지금까지 잘 살아왔다"면서 외면해서는 안 된다. 앞으로 AI는 우리 삶에서 선택이 아닌, 필수적인 역할을 담당할 것이기 때문이다.

우리는 이미 평생배움의 시대를 살고 있다. 여기서 말하는 평생배움이란 대학에서 시행하고 있는 "평생학습" 개념과는 다르다. 특정 대상이나 주제를 평생 배워야 한다는 개념이 아니라, 말 그대로 내 삶을 위한 배움을 평생 이어가야 한다는 것을 의미한다. 평생배움의 시대, 스스로 배우지 않고서 타인에게 모든 것을 의존할 수는 없는 일 아닌가. 평생배움의 시대를 살아가야 할 우리에게, 스스로 배우는 사람으로의 성장이 그 무엇보다 시급하고, 중요한 과제가 아닐 수 없다.

　스스로 배우는 사람으로의 성장이 중요한 가장 큰 이유는, 내 삶의 활력을 되찾기 위해서이다. 지금까지 해야 하는 일을 하느라 얼마나 숨 가쁘지만, 한편으로 무기력한 삶을 살아왔는가. 지금부터라도 내 삶의 활력을 되찾아야 한다. 스스로 배우려 하는 사람과 스스로 배울 줄 아는 사람은 결코 시간이 무료하지도, 삶이 무의미하지도 않다. 배우려는 의지가 삶의 의욕을 솟아나게 하고, 배우려는 열중이 삶의 생기를 불러일으키기 때문이다. 스스로 배우는 이의 눈빛과 표정을 지켜보라. 어디 한 구석이라도 무료함이나 게으름을 찾아볼 수 있는가. 하나라도 더 배우려고, 한 번이라도 더 해보려고 눈을 반짝반짝 빛내고 있지 않은가.

　스스로 배우는 사람은 누구보다 자기 삶의 주체가 되어 능동적으로 살아가는 사람이다. 배우는 데 열심인 사람이, 살아가는 일에 감히 소홀할 수는 없는 일이다. 100세를 살아가는 장수시대에, 스스로 배우는 사람으로 성장한다면, 얼마나 삶이 활기차고, 의미 있겠는가.

　나는 여전히 시 한 줄에 마음이 설레고, 정감 있는 대화에 삶의 충만을 느끼고, 새로운 지식에 목말라한다. "오늘은 무얼 배울까?"를 생각하면 새삼 아침이 기다려진다. 배움으로 아침이 설레고, 기다려진다면 살아가는 일이 기쁘지 않을 리가 없다. 만남이 즐겁지 않을 수가 없다.

　무료하고 무미건조하게 살다 갈 것인가? 배움에 뜻을 두고 스스로 배우는 사람으로 활기차게 살아갈 것인가? 다른 무엇을 위해서가 아닌, 내 삶을 활기차게 만들기 위해서라도, 스스로 배우는 사람으로의 성장이 중요한 게 아닐까.
　스스로 배우려 하고, 스스로 배울 줄 아는 사람이 되자. 배움의 결과만 보지 말고, 자기 성장을 중시하자. 배움으로 무언가를 얻으려 하기보다는, 스스로 배우며 자기 삶을 가꾸는 사람으로의 성장을 추구하자!

스스로 배우는 사람은
배움을 어떻게 활용하는가?

수동적으로 배우는 과정에서는 배움에 흥미를 느끼기가 어렵다. 지금 배우는 것이 나와 상관없다 느끼고, 어떻게 활용해야 할지를 모르기에 배움에 적극적으로 참여하지 않는다. 왜 지금까지 배우기만 했을까? 시간과 노력을 쏟아부어 배운 것을 좀 더 내 삶에 활용하려 하지 않았을까? 활용할 만한 지식이 없거나, 활용할 가치가 없어서가 아니다. 내가 적극적으로 활용하려 하지 않았기 때문이다. 배우기만 할 뿐, 활용하지 않은 지식이 산지식이 될 리가 없다. 외우기만 할 뿐, 실천하지 않은 배움이 내 피와 살이 될 리가 없다. 언제, 어디서, 어떻게 활용할지를 생각하지 않기에 배움이 나와 무관하다 여긴다. 지금 배우는 것이 나와 관련이 없다 여기는데, 무슨 열정이며, 무슨 호기심이겠는가. 배움을 활용하는 것은 높은 수준의 학문을 익힌 사람만, 철저한 숙련을 거친 사람만 할 수 있는 일이 아니다. 배움을 활용하려 하는 바로 그 사람이 산지식인이며, 행동하는 지식인이다.

단적으로 말해, 나와 상관없는 배움이란 없다. 내 삶과 무관한 배움은 없다. 왜 우리는 그동안 국어, 수학, 과학, 사회를 배워왔는가. 나와 상관있기에, 내 삶에 지대한 영향을 미치기 때문이 아닌가. 그런데 정작 내가 지금까지 배운 것을 활용하는 것에 대해서는 배우지도 못했고, 스스로 생각해 보지도 않았다. 이런 아이러니가 없다. 내가 잘 살기 위해 배워왔는데, 지금까지의 배움으로 내 삶을 향상시키는 데 활용할 줄 모른다니 말이다. 지금부터라도 우리는 언제, 어디서, 어떻게 활용할지를 생각하며 배워야 한다. 어떻게 활용할지를 생각하는 것만으로도 배움에 임하는 나의 의지와 태도가 달라진다. 내가 활용할 마음을 품으면 배움에 보다 적극적으로 참여하게 된다. 나를 위한 배움이기에, 호기심이 생기고 자발적으로 질문하게 된다.

경제원리는 흥미 없을 수 있지만, 내 돈을 저축하고 내 자산을 불려가는 일에는 누구나 관심이 있다. 철학책은 읽어도 알쏭달쏭한 개념들로 지루할 수 있지만, "내가 누구인지? 어떻게 살고 싶은지?"에는 모두가 지대한 관심을 품고 있다. 철학이 어렵고 지루한 게 아니라, 철학적 의미를 스스로 묻지 않고, 물을 줄 모르는 내가 있을 뿐이다. 내게 덜 중요하고, 덜 의미 있는

지식은 있어도, 내 인생과 연결되지 않은 배움은 없다. 순수문학은 어렵고 지루하다 여긴다. 그러나 연애를 할 때는 큰 관심이 생기고, 시 한 줄로 나의 매력을 뽐내기도 한다. 문화와 예술이 나와 상관없다 여겨왔지만, 나의 옷을 상황에 맞게 잘 차려입거나, 교양 있는 만남을 위해서는 나의 예술적 안목이 큰 도움이 된다. 스포츠는 내 밥벌이에는 도움이 안 될 수도 있지만, 일상의 지루함을 날려버리고 건강한 몸과 마음을 위해서는 다른 무엇보다 중요하다. 활용하는 만큼 배움을 즐길 수 있다. 조금만 생각해 보아도 지금까지 배워왔던 바를, 내가 얼마나 자주, 많이, 꾸준히 활용해 왔는지를 알 수 있다. 지금까지 배움을 이렇게 일상적으로 활용해 왔음에도, 내가 인지하지 못하고 있었기에 "배움이 나와 상관없다, 배움은 배움일 뿐, 삶에는 큰 도움이 되지 않는다"고 여겨온 건 아닌가.

  내가 인식하지 못할 뿐, 배움은 폭넓게 일상적으로 우리 삶에서 활용되고 있다. 국어는 단지 읽기, 쓰기 기술만을 익히는 것이 아니다. 내 마음을 전달할 때도, 나의 주장을 발표할 때도, 상대의 말을 이해할 때도 큰 영향을 미친다. 수학은 기껏해야 일상에서 사칙연산만 활용한다 여길지도 모르지만, 저축, 절세, 자산 형성에 일상적으로 활용되고 있다. 과학이 먼 나라 이야기로만 들릴 수 있지만, 일상 속에서 늘 스마트폰을 활용하면서도, 스스로 과학의 힘을 빌리고 있는 줄은 모르고 있다. 내 일상이 스마트폰에 도입된 최신 과학기술의 힘으로 돌아가고 있다. 시간을 내서 스마트폰의 기술에 대해 잠시 배우는 것만으로도, 활용도를 크게 높일 수 있다. 활용을 염두에 두지 않는 배움은 무료하다. 활용할 줄 모르는 지식은 죽은 지식이며 쉽게 잊히고 만다. 같은 시간과 노력을 배움에 들이더라도, 활용을 생각하며 배우는 사람과 그렇지 않은 사람 중에서 누가 더 잘 배우겠는가. 누가 배움에 더 적극적이겠는가.

 지금은 평생을 배워도 새롭게 배워야 할 지식이 하루가 다르게 쏟아져 나오는 시대이다. 쏟아지는 새로운 배움의 양과 속도를 따라가지 못한다 할지라도, 지금 내가 배우고 있는 지식만큼은 확실히 활용하겠다고 다짐하자. 나의 일에서, 사람 관계에서, 현실 문제에서, 영적인 영역에서 지금까지 배워온 것을 하나라도, 한 번이라도 더 활용하려 하자. 배움을 활용하려 할 때, 우리는 배움에 더 열정적이게 된다.
 책 백 권을 읽으려 하기보다 자신의 일에서 배우면서, 적극적으로 활용하려 하자. 자신의 일에서 배워야 할 것, 배울 수 있는 것이 더 많다. 자기 일을 제쳐놓고, 책이나 강연에서만 배우려는 것은 어리석다. 우리는 학교에서 오랫동안 배우기만 했지, 실제로 활용할 기회가 없었다. 나의 일은 배워야 할 게 많은 만큼, 배움을 활용할 기회도 그만큼 더 많다. 자신의 일보다 배움을 더 잘 활용할 기회는 없다. 자신의 일에 흥미를 잃는 경우가 다양하지만, 자신이 잘하지 못하기에, 노력한 만큼 성과가 나오지 않기 때문인 경우가 많다. 자신의 일에 관해서, 일을 통해서 배우는 사람은 성과향상뿐만 아니라, 자신의 일에 자신감을 가질 수 있다. 지금 하고 있는 자신의 일보다 자기의 시간과 노력을 기울이는 다른 활동이 있는가. 배움에서도 나의 힘을 가장 많이 쏟아야 할 분야 역시 자기 일이 아닐 수 없다. 자신의 일을 통해서 배우지 않고서, "배울 게 없다. 무엇을 배워야 할지 모르겠다"고 푸념만 늘어놓고 있지는 않은가! 외부의 재물은 쓸수록 줄어들지만, 내부의 내 배움은 활용할수록 늘어나고, 활용할수록 강해진다. 활용함으로써 내 배움의 가치를 더해가자. 배움을 적극적으로 활용함으로써 스스로 배우는 사람으로 성장해 가자!

어떻게 스스로 배우는 사람으로 성장할 것인가?

스스로 배우는 동기부여를 하는가?

앞 장에서 스스로 배우는 사람이 누구인지? 무엇을, 어떻게 배우는지를 알아봤다. 이제 우리의 목표는 어떻게 "내가 스스로 배우는 사람으로 성장할 것인가?"이다. "스스로 배우는 사람"이라는 문구에 그 해답이 있다. 더 이상 배워야 해서도, 배우라고 해서도 아니다. 스스로 배우려 하기 때문에, 스스로 배우는 사람은 지속적으로 성장할 수 있는 것이다. 무슨 일이건 동기가 부여된 사람은 자신이 하는 일에 능동적, 적극적으로 참여하게 된다. 동기가 부여된 사람은 여간해서는 중간에 포기하지 않고 맡은 일을 끝까지 해낸다. 배움은 쉬운 일도, 단기간에 끝마칠 수 있는 일도, 게으름을 부릴 수 있는 편한 일도 아니다. 의지를 가지고 지속해야 하는 일이기에, 그 어떤 다른 일보다도 동기부여가 중요하다. 막상 큰마음을 먹고 배움에 나섰다가도, 스스로 동기부여가 되지 않아 의욕을 상실하거나 좌절하는 경우가 얼마나 많은가. 배우는 일이 누구에게나 만만치 않기에, 우리는 배움을 지속하는 사람을 높이 평가하는 게 아닐까. 이 배움의 길에 "어떻게 스스로 동기부여를 할 것인가?" 하는 문제는 매우 중요하다.

먼저 자신이 무엇에 동기가 부여되는지를 알아보아야 한다. 동기부여 요소가 물질인지, 인정인지, 휴식인지, 성과인지를 알아보자. 물질에 동기가 잘 부여되는 사람이라면, 마음에 드는 책상을 마련하는 것으로부터 동기부여 하는 것도 괜찮다. 쳐다만 봐도 앉아보고 싶게 만드는 책상이라면 더할 나위 없는 동기부여가 될 수 있다. 휴식으로 동기부여가 된다면, 배움과 휴식의 시간을 잘 계획하는 게 도움이 된다. 자신에게 맞게 배움 시간과 휴식 시간을 잘 배분하면 동기부여에 큰 도움이 된다. 타인의 인정을 중요하게 여긴다면, 가족과 친구, 동료에게 부탁하자. 타인에게 부탁하기 어려운 상황이라면, 스스로 자신의 배움을 인정해 주는 것도 좋다. 배우고 있는 자신을 기특하게 여기자. 성과를 기준으로 삼는 사람은 가능한 한 성과기준을 잘게 쪼개는 게 도움이 된다. "배우는 과정에 충실했는지, 기억에 남는 게 있는지, 활용해서 효과를 봤는지" 성과기준을 세세하게 나누어 보자. 엄격하고 높은 기준보다는 유연하고 조금 가벼운 기준이 낫다. 필자의 경우, 다양한 동기부여 방법을 활용한다. 배우는 과정에 충실한 경우 내가 좋아하는 음식을 먹고, 배운 것 중에서 기억에 오래 남는 게 있다면 나 자신을 기특하고 장하다며 칭찬하고, 배운 것을 활용한 경우는 메모로 남겨두고 나중에 다시 읽어보면서 스스로 뿌듯해한다. 배움이 내게 중요하지 않은 일이라면, 한두 번 하고 그만둘 일이라면, 배움을 위해 스스로 동기부여 하는 방법을 찾지 않아도 괜찮을지 모른다. 그러나 배움이 내게 중요한 일이고, 오래 지속할 일이라 여긴다면, 스스로 동기부여 할 방법을 마련해 두고, 실행하는 게 좋다.

사람은 누구나 슬럼프를 겪는다. 설령 최상의 학자, 위대한 작가라 하더라도 의욕을 잃거나 좌절을 겪지 않는 게 아니다. 그들은 의욕을 잃거나, 좌절하더라도 스스로 동기부여를 통해 극복할 줄 알기에 다시 일어설 수 있는 사람들일 뿐이다. 필자 역시 지난겨울에 지독한 방황을 겪었다. 배움에 대한 의욕이 꺾이고, 배우는 과정에 집중하지도 못했다. 심지어 "이렇게 배워서 무얼 할 것인가?" 하는 허무에 빠지기도 했다. 그때 필자가 스스로 동기부여 한 방법은 걷기였다. 걷는 동안은 정말 의식적으로 아무 생각을 하지 않으려 했다. 다만 내 오감을 최대한 활짝 열고, 자연을 만끽하려 했다. 배워야 한다는 부담감도, 배워야겠다는 의욕도 모두 내려놓고, 아무런 생각 없이 그저 발걸음에 집중하며 한 발 한 발 걸었다. 큰 기대를 걸지 않고 단지 잠시 머리를 비운다는 태도로 시작한 걷기로 인해 심신이 다시 활기를 되찾게 되었다. 심신이 조금씩 활기를 되찾아 감에 따라, 배움에 대한 의욕이 다시 살아났다. 지금은 하루 한 시간은 꼭 걸으려 한다. 이른 아침에 고요히 걷는 것도 좋고, 시간이 날 때 오후나 저녁에 잠시만 걸어도 좋다. 걸으면서 "나는 왜 배우는가? 오늘 무엇을 배웠는가? 배움으로 인해 내가 얼마나 달라지고 있는가?"를 되돌아본다.

자신만의 동기부여 방법을 찾아보자. 타인의 아픔에는 공감하고, 어려운 이웃은 도와주고, 힘들어하는 친구는 위로해 주면서도, 정작 의욕을 잃어버린 자기 자신에게는 무엇을 해주고 있는가. 배움에 대해 스스로 동기부여를 할 줄 알게 되면, 비로소 스스로 배우는 사람으로의 성장에 한 걸음 더 다가가게 된다. 외부 여건이나 자기 감정에 덜 휘둘리게 되기 때문이다. 배우는 과정에서 재미를 알게 되고, 보람을 느끼게 된다. 이런 상태라면 배움을 계속 지속하지 않을 리가 없다. 배우는 과정에 집중하지 못할 리가 없다. 한두 번 배움에 어려움을 겪더라도 쉽게 포기할 리는 더더욱 없다! 우리는 이렇게 스스로의 동기부여를 통해 한 걸음, 한 걸음 스스로 배우는 사람으로 성장해 가는 게 아닐까. 오늘도 배우느라 애쓴 나에게 "배워야 하는 만큼 배웠는지, 얼마나 남는 게 있는지, 어떤 성과가 있는지" 준엄한 자기 검열을 하기 전에, 충분히 그리고 진심으로 자신을 인정해 주고, 격려해 주자. 배우려는 의지를 가진 것, 배우려 노력한 것, 배움을 포기하지 않은 것, 이것만으로도 우리 자신을 격려해 주기에 충분하지 않을까!

외부 자극에 의해 배우는 사람은 아직 스스로 배우는 사람이라 부를 수 없다. 외부적 동기로 배움을 시작할 수는 있다. 그러나 외부적 동기에 얽매이거나 의존해서는 안 된다. 결국 자기 동기부여로 인한 배움에 나설 때라야 비로소, 스스로 배우는 사람으로 성장할 수 있지 않을까!

스스로 배우는
체험을 쌓아가는가?

　학교에서의 배움 방식에만 익숙해져 온 우리는 자기 힘으로 스스로 배우는 체험을 제대로 해보지 못했다. 그로 인해 배우는 과정에서 누구나 필연적으로 겪게 되는 시행착오를 두려워하게 되었다. 스스로 배울 수 있는 자신을 믿지 못하고, 타인에게 의존하게 되었다. 스스로 배우지 못하는 이유가 배우는 역량이 부족해서가 아니라, 스스로 배울 수 있다는 자기 자신에 대한 믿음이 부족해서는 아닐까. 지금까지 굳이 내가 애써 노력하지 않아도, 너무 자세하게, 지나치게 친절하게 내게 가르쳐 주는 사람이 있었기에, 스스로 배우려는 시도조차 해보지 않았기 때문은 아닐까. 자신의 지난 시절을 돌이켜 보면, 시행착오를 통해 얼마나 많은 것을 배우게 되는지를 깨닫게 된다. 첫걸음마는 수많은 넘어짐을 통해 배운 끝에 두 발로 걸을 수 있게 된 것이며, 말하기, 생각하기도 누가 말하라, 생각하라 해서가 아니고, 더군다나 누가 말하는 법, 생각하는 법을 따로 가르쳐 주어서도 아니다. 외부의 도움 이전에, 내가 먼저 스스로 배움에 나섬으로써 얻은 성과이다. 우리는 학생 시절 동안 스스로 배우는 힘을 잠시 잊고 있었던 것뿐이다. 사회인이 된 지금부터 스스로 배우는 힘을 다시 일깨워 나가면 된다. 거창하고 거룩한 배움은 지금은 잠시 내려놓아도 좋다. 사소하고 가벼운 배움으로, 스스로 배우는 힘을 일깨워 나가는 게 좋다. 생활비를 절약하는 법을 배우는 것, 상대를 조금 더 부드럽게 대하는 법을 배우는 것은 어떤가. 지금 중요한 것은 얼마나 빨리 배우느냐가 아니다. 스스로 배우는 나의 역량을 되살리는 것이 지금 우리의 당면 과제이다. 그리하여 결국 내게 스스로 배우는 힘이 있다는 것을 깨닫고, 스스로를 믿게 되는 것이 가장 중요하다. 이럴 때라야 더 높은 배움에 스스로 나설 용기가 생기는 게 아니겠는가.

  부담감 없이 책 한 페이지를 읽는 것, 압박감 없이 내 생각을 글로 적어보는 것, 오늘 나의 느낌을 간단히 메모하는 것, 내일 할 일을 미리 계획해 보는 것, 이 모든 활동이 스스로 배우는 것이다. 모르던 것을 아는 것만이 배움이 아니라, 알고 있는 것을 좀 더 명확하게 하는 것, 아는 것을 조금이라도 실천해 보는 것, 이전에 알던 것과 지금 아는 것이 무엇이 다른지를 인식하는 것. 이 모두가 스스로 배우는 체험을 쌓아가는 일이다. 우리가 마음먹기에 따라 스스로 배울 것도 많고, 스스로 배울 수 있는 것도 많다. 지금까지 배움을 지나치게 거창하고 고상하게만 여겨왔기에, 배움에 대해 자신감을 잃고, 타인의 도움 없이는 스스로 배워보겠다는 마음조차 내보지 못한 건 아닌가. 하나라도 스스로 배우는 체험을 쌓아가는 것이 중요하다. 배우는 힘을 기를 수 있는 것은 물론이고, 무엇보다도 스스로 배울 수 있는 힘이 내게 있다는 것을 믿을 수 있게 되기 때문이다. 스스로 배우는 몇 차례의 경험을 통해, 타인에게 의존하지 않고는 배울 엄두조차 내지 못했던 일들도, 먼저 스스로 배워보려는 도전에 나설 수 있게 되고, 자신의 배움에 배짱도 생겨나게 된다. 좀 틀리면 어떤가? 좀 느리면 또 어떤가? 중요한 것은 좀 틀려도, 남보다 느려도 결코 스스로 배워가는 체험을 포기하지 않는 것이다.

스스로 시행착오를 거치는 과정에 배움의 보람과 즐거움이 있다. 나의 배움에 보람과 즐거움이 없다면, 배움이 깊어지지도, 배움을 오래 지속하지도 못한다. 더 이상 배움을 의무와 강요, 스트레스의 대상으로만 대해서는 안 된다. 모든 배움에서 즐거움을 다 맛볼 수는 없다 하더라도, 배우는 순간순간 보람과 즐거움을 느낄 수는 있다. 배우는 보람과 즐거움을 누리는 것은 나의 선택이라는 사실을 잊지 말자!

스스로 배우는 체험을 쌓으려는 사람은, 필요할 때는 타인에게 의존하기도 하고, 스스로 배움에 먼저 나서기도 한다. 타인에게서 배우는 경우조차도 스스로 생각하고, 스스로 다양하게 시도해 보면서 자기만의 배움을 지속해 나간다. 내가 배울 준비가 되어 있는데도, 가르쳐 줄 사람을 기다리고만 있지 않는다. 스스로 배우는 과정에서의 시행착오를 기꺼이 감수할 각오를 한다. 더불어 끝끝내는 자기가 잘 배울 수 있다는 믿음을 가진다.

필자는 근래에 타인과 좀 더 원활한 관계 형성을 위해 소통하는 법을 배우고 있다. 책을 통해 몇 가지 이론을 배우고, 아내와 몇 번 연습도 했다. 그럼에도 실제 대화에 나서면 생각만큼 원활하게 소통하지 못했다. 대화가 끝난 후에는 많은 후회가 남곤 했다. "조금 더 천천히 말할걸, 내 말을 하려고 준비하는 대신 조금 더 상대에게 귀를 기울일걸, 나와 다른 의견에 바로 반박하지 말걸" 하면서 많은 후회를 되풀이했다. 하지만 스스로 배우겠다는 의지를 다졌고, 스스로 배울 수 있다고 믿었기에, 다양한 방법을 시도하면서 점점 더 많이 배우는 게 되었다. 지금도 여전히 낯선 사람과의 대화는 어색하고, 나와 다른 의견에 신중히 귀 기울이기보다는 발끈하는 경우가 많다. 그럼에도 분명히 이전보다는 조금씩 나아지고 있다. 지금은 지난주보다 조금 더 나아졌다고 생각한다. 대화하는 법에 대한 강연을 듣지 않아도, 대화 스킬 세미나에 참여하지 않아도, 대화 전문가에게 코칭 받지 않아도, 내 스스로 배울 수 있다는 믿음이 생겼다. 우리는 이렇게 시행착오를 거치면서 스스로 배우는 체험을 쌓아가는 게 아닐까.

타인에게 의존하여 배우는 것이 나쁜 것도, 잘못된 것도 아니다. 그럼에도 우리는 지금까지 지나치게 타인에게 의존해 온 게 사실이다. 그래서 스스로 배울 수 있는 힘이 있다는 것을 믿지 못하는 것이 가장 큰 문제이다. 스스로 배우는 체험을 쌓아가는 과정에서 얼마나 잘 배우느냐는 중요하지 않다. 이 과정을 통해 앞으로 무엇이든 스스로 배울 수 있다는 자신감을 얻는 것이 중요하다. 어릴 적부터 지나치리만큼 타인에게 의존하여 배워온 탓에, 음악감상도, 느리게 걷기도 시행착오를 통해 스스로 터득하려 하기보다는, 이미 해본 사람이나 전문가에게 배우려고만 의존하는 나를 먼저 인식해야 한다. 먼저 스스로 겪어본 다음에 타인에게 배워도 늦지 않다. 아니 오히려 먼저 스스로 배움에 나선 경험이, 나중의 배움에 큰 도움이 된다. 무엇을 잘 배우고, 잘 못 배우는지를 자신이 먼저 명확히 경험했기 때문이다. 이런 경험이 바탕이 되어, 나중에 타인에게서 배울 때 더욱 잘 이해하게 되고, 나의 이해가 더욱 깊어지는 게 아닐까.

이 필자의 글 역시 독자들에게는 타인에게 의존한 배움이기는 마찬가지이다. 필자가 말하는 대로만 배울 필요가 전혀 없다. 하나의 사례이며 참고사항으로 삼으면 충분하다. 자신에게 스스로 배울 수 있는 힘이 있다는 것을 믿고, 먼저 스스로 자신 있게 배움에 부딪혀 보자. 가장 잘 배우는 사람은 누군가에게 의존하는 사람이 아니라, 스스로 부딪히길 마다하지 않는 사람임을 잊어서는 안 된다. 스스로 배우는 체험을 쌓아가는 사람에게는, 배움이 더 이상 강요와 스트레스가 아니다. 배움이 자기 성장을 위한 비장의 한 수가 되지 않을까!

나의 호기심을 일깨우는가?

인류의 첫 배움은 호기심에서 시작된 게 아닐까. "왜 이럴까?" 하는 호기심을 가졌기에 주변을 잘 살펴봤고, 타인을 알고 싶었기에 말을 만들게 된 게 아닐까. 어릴 적에는 누구나 호기심이 풍만했다. 귀찮을 정도로 많이 물어봐서, 부모님께서 그만 좀 물어보라고 말릴 정도로 호기심이 왕성했다. 그런데 무엇이 달라졌기에 지금은 그 많던 호기심을 잃어버리게 된 것일까. 기껏 모처럼 찾아온 호기심조차 "다음에"라며 소홀히 흘려보내 버리고 만다. 현대를 살아가는 우리는 너 나 할 것 없이 모두가 "바쁘다"라는 말을 입에 달고 산다. 그런데 "왜 바쁜가? 그렇게 바빠서 나아지는 게 무엇인가?"를 물어보면, 제대로 답하는 사람은 거의 없다고 해도 과언이 아니다. 호기심을 가지는 것이 단지 잠시의 관심일 수도 있지만, 소홀히 대하지 않는다면, 내 삶에 생기를 불어넣고, 내게 배움의 계기를 마련해 주는 최상의 기회가 될 수 있다.

인간은 본능적으로 낯설고, 새로운 것에 관심을 가지고 있다. 이 본능으로 인해, 지구를 가장 잘 이해하고, 지구에 가장 잘 적응한 게 아닐까. 지금까지 "다른 일로 바쁘다, 쓸데없다"고 여기며, 얼마나 나의 호기심을 외면해 왔는가. 오랫동안 내 호기심을 방치하며 살다 보니, 이제는 호기심이 생기기는커녕, 궁금해하는 것조차 아예 없는 무생물의 지경에 빠지고 만 건 아닌가. 호기심이 없는 삶은 활력이 없고, 활력이 없는 삶은 무기력하다. 우리가 자기 시간과 비용을 들여가면서 그토록 재미를 추구하는 이유가 무엇인가. 나의 생생한 활력을 위해서가 아닌가. 호기심은 자기 내면에서 일어나는 고유한 욕망이다. 호기심이 생긴다는 것은 평소와는 무언가 다른 것, 새로운 것을 발견했다는 의미이다. 그렇기에 고유한 나의 호기심이 발동된 것이다. 모처럼 만에 찾아온 호기심에 정성을 기울이며 살자. 무심코 지나가는 길가에 핀 꽃 한 송이가 눈에 들어오면 그냥 지나치지 말자. 그 꽃에 관심을 가지고 유심히 지켜보고, 말을 건네자. 꽃 이름도 알아보고, 꽃의 특성도 이번 기회에 배워보자. "아무런 이득이 없다, 쓸모가 없다"고 여길 수 있지만 그렇지 않다. 자기 호기심에 기반하고 있기에 배우는 과정 자체가 즐겁다. 배워가는 과정을 즐긴다면 그것으로 이미 가치는 충분한 게 아닐까. 더구나 이제 그 꽃은 세상에 많고 많은 흔한 꽃들 중 하나가 아니라, 내가 봐주고, 내가 말을 건네는 나와 관련된 꽃이다. 오며 가며 이렇게 나의 호기심에 관심을 기울이다 보면, 언제 꽃이 피고 지는지? 언제 씨앗을 맺는지? 색이 어떻게 변하는지? 꽃잎은 몇 장인지? 또 다른 호기심이 덩달아 생겨난다. 우리는 꽃 박사가 되려는 것도, 꽃 장사를 하려는 것도 아니다. 그럼에도 나의 호기심을 채워가는 이 과정이 뿌듯하고, 즐겁다. 이때부터는 걷다가 마주치는 꽃은, 다른 사람들과 달리 내게 예사롭게 보이지 않는다. 저마다의 개성과 특색이 내 눈에 들어오기 시작한다. 그중 내 마음에 드는 꽃을 골라 자세히 알아볼 수도 있고, 이참에 식물 관련 지식을 배우기 시작할 수도 있다. 무료했던 내 삶에 꽃이 성큼 다가온 것이다. 아무 생각 없이 지나던 길에서 이제 꽃을 만나면 저절로 웃음이 난다. 내 삶이 그만큼 풍요롭게 변한다. 퇴근길에 꽃 한 송이 사 들고 들어가서는 가족들에게 선물로 줄 수도 있고, 그 꽃으로 가족들 얼굴에 웃음꽃이 피어나게 할 수도 있다. 이게 어찌 쓸데없는 일이겠는가. 그렇다면 대체 무엇이 쓸 데 있는 일인가.

　내게 호기심이 생긴다는 것을 기쁘게 받아들이자. 여전히 궁금해하는 것이 있을 정도로 내 삶에 애착을 가지고 있다는 방증이 아니겠는가. 호기심이 저절로 찾아오기만을 기다리지 말고, 먼저 나서서 내 호기심을 키워나가자. 꽃에 대한 지식만 배우려 하지 말고, 꽃과 관련된 그림, 노래, 시로 내 배움을 확장해 보자. 이럴 때 우리는, 한적한 봄날 우연히 만난 벚꽃잎 지는 광경에 "꽃잎 하나 떨어져도 봄빛이 줄거늘, 수만 송이 흩날리니 슬픔 어이 견디리"라는 두보(杜甫)의 시구를 만난다면, '탁' 하고 자신도 모르게 손뼉을 치게 되지 않겠는가. 내가 느낀 감정을 "이렇게까지 탁월하게 표현할 수 있다니" 하고 감탄하지 않겠는가! 이렇게 호기심을 충족시켜 감으로써, 점점 더 궁금한 게 많아지고, 그에 따라 내 삶이 더욱더 풍요롭고, 생생하게 바뀌게 된다. 배움이 왜 지식습득, 자격취득의 수단이어야만 한단 말인가. 경제적인 이득만 실익이 아니다. 배움으로 정서적으로 풍요로운 삶을 가꾸어 간다면, 그것만으로도 배움의 가치는 이미 충분한 게 아닐까. 감히 알려고 하자! 과감히 나의 호기심을 키워나가자. 모처럼 만에 찾아온 호기심에 나의 시간과 노력을 쏟으려 하자. 알려고 하는 만큼 내 삶이 생생한 활기로 가득 찰 수 있음을 잊지 말자.

필자는 몇 년 전 산책길에서 우연히 마주친 어린나무 한 그루에 관심을 갖게 되었다. 눈길도 주고, 말도 건네고, 그 나무에 관심을 기울였다. 호기심에 집에 와서 책을 들추어 보았다. 참나무의 일종인 떡갈나무였다. 책을 통해서 "가랑잎나무, 갈참나무라고도 한다. 극동 러시아, 일본, 중국, 몽골, 한반도에서 보이며, 나무껍질은 회갈색이며 거꾸로 된 달걀형의 잎은 10~30cm로 참나무 종류 중 가장 크다. 잎의 가장자리에 물결무늬가 있으며 뒷면엔 갈색의 털이 있다. 꽃은 5월에 피는데,

양성화로 수꽃 이삭은 누르스름한 녹색이며, 암꽃 이삭은 달걀형인데 암술 2~4개와 화피열편 6개가 있다. 열매는 도토리로 10월쯤에 맺힌다"라는 것을 배우게 되었다. 벌써 이 나무와 인연을 맺은 지가 10년이 되어간다. 처음 발견 당시에는 나무라고 하기에도 민망한 떡잎 수준이었는데, 어려운 주변 여건에서도 꿋꿋하게 자라 이제 제법 청년나무로 성장했다. 나는 가만히 혼자서 나무에게 이름을 붙여주었다. 떡잎 때부터 하도 곧게 자라기에 직수(直樹, 곧은 나무)라 이름 지었다. 직수는 떡잎 때부터 다른 나무에 비해 당당하고, 떡잎 한 장, 한 장이 완연하며, 가을에도 가장 늦게 잎을 떨구었다. 산책길에서 만나는 직수는 나의 산책을 더욱 즐겁게 만든다. 앞으로도 직수가 어떻게 커가는지, 어떤 열매를 맺는지, 주변과 어떻게 조화를 이루는지 지켜보며 배울 것이다. 이런 호기심이 필자는 좋다. 이번에는 떡갈나무였고, 다음에는 무엇일까? 나의 호기심이 나를 또 어디로 데려갈지 은근히 기다려진다.

  우리는 더 이상 궁금한 게 없어서 호기심을 잃어버린 게 아니다. 작은 호기심에 관심을 두지 않았기에, 나의 호기심이 시들어 버린 것이다. 새로운 게 없는 게 아니라, 새롭게 인식하지 못하는 것일 뿐이다. 이제라도 내 호기심이 꽃피게 하자. 이럴 때, 내 삶도 더불어 꽃피지 않겠는가! 내가 내 호기심을 돌보고 키워갈 때, 스스로 배우는 사람으로의 성장의 길이 내게 열리는 게 아닐까!

나의 표현으로
정리하는가?

　책에 있는 표현 그대로 문구 하나 틀리지 않게 저자의 방식과 똑같이 하려 하기에, 외우는 데 스트레스를 받고, 잘 기억하지 못하는 것이다. 사람은 저마다의 표현 방식이 있다. 아침 인사로 '안녕하세요', '좋은 아침입니다. 잘 주무셨어요', '굿모닝' 등 얼마나 사람마다 다양한 자기만의 표현 방식이 있는가. 자기 방식으로 표현한다고 해서 누구 하나 시비를 걸지는 않는다. 배움 역시 마찬가지이다. 성경이나 사서삼경처럼 숭배하며, 글자 한 자 틀려서는 안 되는 게 아니다. 말을 할 때는 누구나 자기만의 어투, 속도, 어감, 어휘를 자연스럽게 사용한다. 배운 것을 정리할 때도 자기만의 방식으로 표현할 때 정확하게 기억할 수 있을뿐더러, 기억에 오래 남는다. 물론 자구 한 자 한 자의 의미를 따지고 어순에 맞게 정확히 따라야만 하는 배움도 있다. 그러나 모든 배움이 그래야만 하는 건 아니다. 지나치게 있는 그대로 똑같이 따라 해야 한다고 여기기에, 책에 있는 대로 똑같이 표현하려 하기에, 혹시라도 틀릴까 봐 전전긍긍하게 되고, 자기이해를 중시하기보다는 얼마나 똑같이 외우느냐를 더 중요하게 여기게 된다. 우리는 책에 있는 내용을 있는 그대로 똑같이 따라 할 때가 아니라, 자신의 방식대로 자연스럽게 표현할 때 이해가 깊어지고, 보다 기억을 잘할 수 있다. 자기 생각 표현 방식에는 여러 가지가 있다. 글로 써도 좋고, 이미지로 상상해도 좋고, 도표와 그림으로 표현해도 좋다. 기억과 연상을 도와주는 마인드맵을 자기 방식으로 활용하는 것도 좋다. 중요한 것은 자기만의 방식으로 배운 것을 표현하는 것이다. "배운 것과 얼마나 똑같이 기억하는가?"에만 신경 쓰다, "자기의 이해가 얼마나 깊어지는지, 얼마나 자기 것으로 체험하는지"를 놓치고 있지는 않은가. 그 진정한 의미를 깨닫는 것이 중요한 것이지, 얼마나 원문과 똑같으냐가 관건이 아니다. 우리는 학생 신분으로 오랫동안 길들여져 왔기에 배운 그대로를 얼마나 빨리, 더 정확히 기억하고 있느냐를 중시해 왔다. 그러나 사회인으로서의 배움은 시험을 위한 배움이 아니다. 얼마나 잘 이해하고, 얼마나 잘 활용하느냐가 더 중요한 기준이다. 그 요체를 파악하고 있다면, 얼마든지 자기 방식으로 표현해도 좋다. 아니, 자기 방식으로 표현할 수 있을 때라야 자기이해가 깊다고 말할 수 있다. 배운 것을 똑같이 따라 하는 것은 지루하기도 하고, 스트레스받는 일이다. 이래서는 배움에 흥미를 느끼지 못하므로, 결국 배움을 지속하지 못한다. 배우는 데 이렇게 신경 쓸 일이 많아서야 어떻게 자기이해에 충실할 수 있겠는가.

자신의 방식으로 표현할수록 기억에 오래 남을 뿐만 아니라, 점점 더 효과적으로 표현할 줄 알게 된다. 자기 방식으로 표현해 가는 과정에서 스스로 보다 나은 표현 방식을 찾고, 만들어 가기 때문이다. 복잡한 내용이라 하더라도 간단한 도표로 표현할 수도 있고, 외우기 부담스럽게 긴 내용도 자기만의 간결한 이미지로 대체할 수 있다. 왜 배운 대로 똑같이 해야 한다 여기는가. 여전히 학생 시절의 배움 방식에만 길들여져 있지는 않은가. 자기만의 방식으로 표현할수록 이해가 깊어지는 것은 물론이고, 지식과 지식이 더 잘 연결되고, 다양한 방식으로 활용할 수 있게 된다.

글을 배우기 전 어린 시절에는, 누구나 상상력과 표현력이 풍부하다. 그림으로도, 이야기로도, 몸짓으로도 자기 생각을 다양하게 표현한다. 그러나 글을 읽고, 쓸 수 있게 된 후부터는 좀처럼 글 이외의 다른 방식으로는 자기 생각을 표현하지 않는다. 인간은 태어나면서 문자부터 배우는 게 아니라, 눈과 귀를 포함한 오감을 통해서 세상을 배우게 된다. 단지 글자로만 대상을 이해하는 것과 자기 방식으로 다양하게 대상을 표현하는 것 중에서, 과연 어느 것이 나의 배움에 더 효과적이겠는가. "배워도 기억에 남는 게 없다. 금방 잊어버린다"고 자신을 탓하면서도 여전히 학생 시절의 배움 방식만을 답습하고 있지는 않은가. 배움을 내 표현 방식으로 정리할 줄 알아야 내 것이 된다. 자신의 방식으로 표현함으로써 내 이해의 폭을 더 깊게, 더 넓게 확장해 가자. 자기 방식으로 표현할 수 있을 때, 자기만의 배움 방식을 만들어 가고 있을 뿐만 아니라, 스스로 배우는 사람으로 성장해 가는 과정 속에 있는 게 아닐까!

배움으로 자신을
키워가는가?

스스로 배우는 사람은 지식습득만이 목표가 아니다. 자기 자신을 알아가고, 키워가기 위해 애쓰는 사람이다. 어떻게 자기 자신을 키울 수 있을까? 배움의 과정은 끈질긴 인내와 고도의 집중, 폭넓은 포용을 필요로 한다. 단기간에 배움을 완성할 수 있는 방법은 없다. 꾸준히 배워나가는 과정을 통해 자연스럽게 끈기와 인내를 길러야 한다. 중도에 포기하지 않고, 자신이 처음 뜻한 바를 이룰 때까지 견뎌내는 힘을 길러야 한다. 배움에서 집중력만큼 필요한 요소가 없다. 배움에서는 단기간의 고도의 집중이 느슨한 장기간의 학습보다 더 효과적이다. 자신이 잘 배울 때를 떠올려 보라. 그때의 자신이 얼마나 집중하고 있었는지를 깨닫게 될 것이다. 공자는 배움에 임할 때는 발분망식(發憤忘食)하여, 밥 먹는 것조차 잊어버린다고 했다. 배울 때 우리는 자신의 기존지식과 관점에 갇히지 않기 위해서, 대립되거나 반대되는 주장을 의식적으로 찾아보게 된다. 자기 생각에만 고착되는 것을 방지하기 위해서라도 다양하고, 폭넓게 배우려 하기 때문이다. 이런 배움의 과정에서 나와 다른 다양한 의견을 청취하고, 수용하는 포용력을 키우게 된다. 배움은 단지 책의 내용만 외우는 게 아니라, 배움의 과정을 통해 인내심, 집중력, 포용력을 기르는 일이다. 더군다나 스스로 배우는 사람으로 성장하려는 사람은 의식적으로 배움의 태도인 인내심, 집중력, 포용력을 기르기 위해 힘쓰는 사람이다. "힘들고 어려워도 얼마나 버티며 견뎌내는지? 배우는 동안 얼마나 자신의 의식을 집중하는지? 의식적으로 얼마나 다양한 주장을 검토하고 수용하는지?"를 생각하며 배우는 사람이다. 스스로 배우는 사람은 지식습득만이 목적이 아니기에, "얼마나 많이 아느냐?"만큼 "얼마나 자신을 키워가느냐?"를 인식하고 실천해 나가는 사람이다.

　자기를 키우는 일은 쉽지 않다. 단기간에 자신을 키울 수 없을뿐더러, 의식적으로 자신을 지켜보지 않으면, 자기가 커가는 것을 인식하기조차 어렵기 때문이다. 스스로 배우는 사람은 자기성장을 의식적으로 인식하고, 자신을 키워가는 데 집중하는 사람이다. 책을 많이 읽었다고, 배움의 기간이 길다고 자신이 커지는 건 아니다. 아는 게 많아진다고, 말이 유창해진다고 자신의 인식과 태도, 행동과 습관이 길러지는 건 아니다. 자기성장을 인식하고, 자신을 바꾸려 의식적으로 노력할 때에만 자신을 키워갈 수 있다. 우리가 배우는 내용만큼 자기성장을 중시해야 하는 이유가 이 때문이다.

 자기성장을 지향하는 사람은, 일상에서 배우기, 아랫사람에게 묻기, 자신과 대면하기를 주저하지 않는다. 무엇이 자신을 키워가는지, 어떻게 해야 자신이 성장할 수 있는지, 언제 자신이 성숙해지는지를 지켜보는 사람이다. 자신의 성장을 인식하는 사람이야말로 철저히 자신을 키워가는 사람이요, 자신을 키워가는 사람이야말로 진정으로 스스로 배우는 사람이 아닐 수 없다. 여전히 배우는 내용을 이해하는 데만 급급한가? 자신을 키워나가는 데 전력을 기울이는가? 어떤 태도로 배우느냐가 자기 삶을 결정한다. 배움만큼 자신을 크게 키워갈 수 있는 방법은 없다. 배움이란 오로지 주체인 자기 자신에게 집중하며 스스로를 키워가는 행위이기 때문이다. 배움에 뜻을 품었다면 기술습득, 자격취득, 경쟁우위만을 위한 배움이 아니라, 자기 자신을 키워감으로써 스스로 성장하고 성숙해지겠다는 큰 뜻을 품자. 자신을 키우기 위해서는 배움의 과정에서, "나는 무엇을 모르는가? 내 생각이 무엇인가? 내 삶에 어떻게 영향을 미칠 것인가?"에 집중하며, 나 자신을 배움에 적극적으로 참여시켜야 한다. 다른 이의 감정, 저자의 생각, 사회의 영향력이 아니라, 나 자신에게 집중해야 한다. 아무리 많이 배워도 나 자신을 키워가지 못하는 한, 아무것도 배운 게 없는 것이요, 나 자신을 키워갈 수 있다면, 이미 배움에 통달한 것이라고 하면 지나친 것일까. 배움으로 상대를, 사회를, 세상을 바꾸려 그렇게 노력했어도 성과를 내기는 쉽지 않다. 그러나 배움으로 나 자신을 키워간다면 결국 상대가, 사회가, 세상이 달라지는 게 아닐까!

  자기성장을 목적으로 배우는 사람이라면, 배운 것을 익히기 위해 그만큼 나의 시간과 노력을 기울이겠다는 마음가짐을 잊어서는 안 된다. 나 자신을 키우기 위해서라면, 배운 것을 내 것으로 만드는 익힘의 과정을 반드시 거쳐야 한다. 배운 것을 익혀가는 과정을 통해 배움이 깊어지고 그만큼 더 간절해진다. 배움으로 외부의 지식만을 얻으려 하는 대신, 배움으로 자신 자체를 키워나가자. 외부의 지식은 상황이 바뀌면 그 쓸모를 잃을 수 있어도, 자기 자신을 키워가는 사람은 어떤 상황에서도 자기 힘을 발휘할 수 있는 법이다.

  배움이란 자신을 알아가고, 배려하고, 키워가는 과정이 아닐까! 사회인으로서 지금도 여전히 외부의 지식습득에만 골몰하고 있지는 않은가. 무엇이 나를 위한 배움인지? 나를 키워갈 수 있는 배움인지? 나 스스로에게 묻지 않을 수 없다!

배움으로
자기 길을 개척하는가?

우리는 지금까지 배움을 자격취득, 기술습득의 수단으로만 여겨왔지, 배움을 통해 자기 길을 찾으려고 생각하지 않았다. 왜 배움이 단지 지식습득에만 머무르는 것을 당연하다 여겨왔을까. 배움으로 내 길을 개척해 나간다는 생각은 해보지 못했을까. 왜 배우는지 이유를 몰랐고, 배움의 주체인 내가 소외된 배움을 행해왔기 때문이다. 배움을 통해 어떻게 자기 길을 개척할 수 있을까? 배움을 통해 자신의 가능성과 잠재력을 확장해 나감으로써가 아니겠는가. 배움을 통해 누구나 지식을 습득할 수는 있다. 그러나 자기성장에 대해서는 의식적으로 눈여겨보지 않으면 가능성을 발견할 수도, 잠재력을 확장할 수도 없다. 우리는 스스로 인식하지 못하는 역량을 키울 수는 없다. 잠재력은 스스로 인식하고, 발전시키지 않으면 계속 잠자는 상태로 잊혀버리고 만다. 지금부터라도 배움을 통해 내게 어떤 가능성이 생겨나는지, 어떤 잠재력이 커지는지를 인식하려 하자. 그냥 수동적이며 의무감에 의한 마지못한 배움이 아니라, 나의 가능성을 발견하고, 잠재력을 키워가는 배움을 행하자. 잠재력이 커져가는 만큼 배움에 더욱 집중하게 된다.

배움을 단지 머릿속에만 두는 것으로 대하지 말고, 실생활에서 다양한 활용을 시도해 보자. 이런 실행과정을 통해 배움을 언제, 어디서, 어떻게 활용할 수 있는지를 깨달아 가자. 배운 것을 직접 실행해 보면, 자신이 지식을 어떻게 활용할 수 있는지를 더 깊이 이해하게 된다. 배움으로 다양한 시도를 할수록 잠재력이 커지고, 자기 길을 개척하는 법을 깨닫게 된다.

배움을 지금 하고 있는 자신의 일에 접목해 보자. 자기 일에 활용함으로써 일의 성과와 자신감이 얼마나 달라지는지 체험해 보자. 배움을 활용하여 나의 일에서 작은 성과라도 낼 때, 배운 것을 더 많이 활용하려는 의욕이 샘솟는다. 그만큼 자기 일에 보람을 느끼고, 배움으로 자기 길을 넓혀나갈 수 있겠다는 자신감이 생긴다. 배움을 자기 일에 적극적으로 활용하면 무엇보다도, 지금 하는 나의 일에 활력이 생긴다. 이렇게 저렇게 활용해 보고 싶은 마음이 솟아나, 더 이상 무료하거나 무의미하게 자기 일을 대하지 않는다. 석사나 박사 과정을 반드시 거쳐야만, 배움으로 자기 길을 개척해 나갈 수 있는 건 아니다.

학문적인 자격을 취득하지 않더라도, 얼마든지 배움으로 자기 길을 만들어 갈 수 있다. 스티브 잡스가 그 길을 이미 우리에게 생생하게 보여주지 않았는가. "자기 길을 개척하기 위한 배움을 행하는가, 아무 생각 없이 내용 이해만을 위한 배움에 급급한가"의 차이가 있을 뿐이다. 스스로 배울 줄 아는 사람은 누구보다 배움의 진가를 알고, 배움을 적극적으로 활용하기에, 배움으로 자기 삶을 개척해 나갈 수 있는 게 아닐까. 자기 길을 개척하기 위한 배움을 머리로만 하려 해서는 안 된다. 온몸과 마음을 총동원하여 행해야 한다. 작은 배움 하나라도 기꺼이 실천해 보려 해야 한다. 이 배움이 "내게 어떤 의미인지, 내가 어떻게 활용할 수 있는지?"를 생각하며 배워야 한다. 시행착오를 각오해야 한다. 쉽게, 빨리 배우려는 대신 힘들고, 시간이 걸려도 철저하게 내 몸에 익히려 해야 한다. 눈으로만 배운 것은 금세 잊혀지고 만다. 가만히 앉아서만 배운 것은 내 몸과 마음에 깊이 새겨지지 않는다. 배움으로 자기 길을 개척하고자 한다면 관찰, 경청, 심사, 질문하며 능동적, 적극적으로 배워야 한다. 많이 알려고, 잘 외우려고, 빨리 익히려고 하는 방식의 배움이 아니라, 자기를 이해하고 장점을 발견하며, 자기 길을 개척하려는 배움의 방식으로 임해야 한다.

배움이 어찌 기존의 것을 그대로 답습하기만 하는 것이겠는가. 온고지신(溫故知新)이라 했다. 옛것을 배워서 내 것으로 다르게, 새롭게 만들어 가자. 자기 길을 개척하는 배움이라 여긴다면, 지금 나의 배움에 어찌 소홀하고 게으르며, 대충대충 대하겠는가. 하나라도 더 알고 싶고, 한 번이라도 더 직접 해보고 싶고, 한 가지라도 더 묻고 싶지 않겠는가. 참을성 있게, 집중력 있게, 넓게 포용할 수 있게 내 배움의 태도를 기르려 힘쓰지 않겠는가. 세상을 이해하고 설명하는 방식의 수동적 배움이 아니라, 세상에 참여하고 세상을 바꾸어 가는 능동적 배움을 행하자! 스스로 성장해 가는 사람은 "나는 누구인가?" 대신 "나는 누구이고자 하는가?", "어떻게 살아야 하는가?"보다는 "나는 어떻게 살고자 하는가?"라는 질문을 가슴에 품고서, 배움으로 자기 길을 개척해 가는 사람이 아니겠는가.

쉽게, 빨리, 많이 배우는 것을 바라지 않는 것이, 배움으로 자기 길을 개척해 나가는 첫걸음이다. 직접 부딪히며 스스로 배워가는 체험을 늘려가는 것이, 자기 길을 개척하기 위한 걸음을 시작하는 일이다.

배움으로 자기 길을 개척하는 것은 배움으로 스스로를 구원하는 일이다. 나를 구원하지 못하는 배움이 대체 내게 무슨 소용인가? 나조차 구원하지 못하는 배움이라면, 대체 누구를 구원할 수 있겠는가? 나를 구원하기 위해 배우고, 배움을 통해 나 자신부터 구원해 나가야 한다. 나를 구원하는 배움이라야, 배움을 통해 스스로 성장하는 사람으로 우뚝 설 수 있지 않을까! 배움으로 자기 길을 개척해 나가는 사람이라면, 스스로 배우는 사람으로의 성장을 꿈꾸지 않을 리가 없지 않을까?

자기 배움 방식을
만들어 가는가?

　학교에서는 가르치는 내용에 대해서만 관심을 가질 뿐, 배우는 방식에 대해서는 우리에게 아무것도 알려주지 않는다. 심지어 다양한 배움의 방식이 있다는 것도 모른 채 학생 시절이 끝나버린 경우도 많다. 학교에서는 "열심히"만을 강요하고, 우리는 당연히 그래야 한다" 여겼기에, 자신의 배우는 방식에 대해 생각조차 해보지 못했다. 그냥 무작정 배우기에만 급급했을 뿐, 내 배움의 방식에 대해 성찰해 보지 못했다. 칫솔질을 하는데도 자기만의 순서와 방식이 있는 법이거늘, 어찌 배움에 개개인의 자질, 성향, 여건을 고려한 자기만의 방식이 없겠는가. 내 배움의 방식에 대해 성찰에 봐야 하는 이유는 많다. 내 배움의 장·단점을 알기 위해서, 내 배움의 방식을 보다 효과적으로 만들기 위해서, 피드백을 통해 내게 맞는 나만의 배움 방식을 만들기 위해서 등. 지난 16년을 학생의 신분으로 배워왔음에도 불구하고, 자기가 배우는 방식에 대해 잘 모르거나 알려 하지 않는 사람들이 많다. 어쩌면 "내 배움의 방식"이란 개념 자체를 의아하게 여기는 사람도 있을 수 있다.

배움에서 "열심히"는 누구도 부인하지 못하는 좋은 방법이다. 그러나 왜 단지 "열심히"에만 기대야 하는 걸까. 다른 일들과 마찬가지로, 배움에도 다양한 방식이 있다. 책으로, 강연으로, 행동으로, 스스로 또는 타인을 가르치며, 자신을 되돌아보며, 타인을 통해 등 얼마나 다양한 방식의 배움이 있는가. 사람은 저마다의 얼굴 생김새만큼이나 배우는 방식도 다양하다. 지금까지 학교로 대변되는 소위 공교육 현장에서는 효율성이란 이름으로, 각자 자신에게 맞는 배움을 고려하지도 않았고, 허용하지도 않았다. 일방적으로 앉아서 조용히 듣기만 하는 수동적인 배움의 방식으로만 일관해 왔다. 그래서인지 우리는 어떻게 배우는 것이 자신에게 가장 효과적인지를 생각해 보지도, 경험해 보지도 못했다. 사회인이 된 지금, 지금까지 생각 없이 행해 온 나의 배움 방식부터 되돌아보아야 하지 않을까. 지금 내 배움 방식의 장. 단점을 찾아 내게 맞는 효과적인 방식을 찾아야 하지 않을까. 열심히는 내 방식을 찾고 난 이후의 일이다. 내용을 배우기에만 급급하면 절대 효과적으로 배우지도 못하고, 내게 맞는 배움의 방식을 찾지도 못한다. 서점에만 가봐도 얼마나 다양한 배움의 방식이 있는지, 얼마나 많은 저자가 저마다의 다양한 방식으로 배우고 있는지를 알 수 있다. 가벼운 마음으로 근처 서점을 찾아가 보자. 동일한 사람이라 하더라도 자신이 배우는 분야에 따라, 다양한 방식으로 다르게 배울 수 있다. 가령 수영을 배우더라도 누구는 책으로 먼저 배우고, 누구는 영상으로, 또 누구는 강사에게서, 어떤 이는 일단 물속으로 뛰어들면서 배우기도 한다. 자기가 지금 어떤 분야를 어떻게 배우는지를 인식하는 것은 매우 중요하다. 배우는 방식을 스스로 인식하고 있다는 것은 이미 자기만의 배움의 방식을 인지하고 있다는 의미이다. 자기가 지금까지 어떻게 배워왔는지, 남들은 어떻게 배우는지를 유심히 살펴보지 않으면, 자기 배움의 방식을 결코 스스로 인식하지 못한다. 그렇기에 지금까지 무턱대고 아까운 시간과 노력을 쏟아붓고만 있었지, 그만큼 효과적으로 배우지 못하고 있었던 건 아닐까.

문제는 어떻게 자신에게 맞는 배움의 방식을 찾고, 만들어 가느냐이다. 자신에게 맞는 배움 방식을 만드는 일은 첫째로, 자신의 배움 방식을 파악하는 일에서부터 시작해야 한다. 지금까지 당연하게만 여겨왔던 자신의 배움의 방식을 되돌아보자. 가능하다면 다양한 사람의 방식을 많이 보고, 듣고, 따라 해볼 필요가 있다. 이때는 배우는 내용이 아니라, 배우는 방식에 주안점을 두어야 한다. 시행착오를 각오하고 다양한 조합을 시도해봐야 한다. 앞으로 꾸준히 발전시켜 나가야 할 내 배움의 방식이기에, 조급히 서두르지 말고, 섣불리 '이거다' 단정 짓지 말아야 한다.

둘째로, 자기 배움에 효과적인 의미 시간 단위를 찾아야 한다. 누군가는 단기간에 집중하는 것이, 누군가는 연속된 오랜 시간을 할애하는 것이 배움에 효과적일 수 있다. 자신의 성향에 맞게, 단기간에 집중하고 쉬기를 반복할 것인지, 연속된 일정 단위 시간을 할애해서 배움을 수행하는 것이 효과적인지를 찾아야 한다. 이에 따라 평일에 자투리 시간을 활용할 수도, 주말에 비교적 긴 시간을 활용할 수도 있다.

셋째로, 지금 자신이 가장 시간을 많이 보내는 활동을 통해 배워야 한다. 사회인이라면 아무래도 자기 일에 가장 많은 시간을 보내게 된다. 일과시간의 대부분을 자기 일로 보내면서도, 자기 일에서 배우려 하지 않거나, 자기 일에서 배우지 못하고서는 효과적인 배움을 실천할 수가 없다. 자기 업무를 잘 배워서 보다 신속히 자기 일을 처리함으로써, 자기 배움의 시간을 더 확보할 수도 있다. "어떻게 하면 나의 일에서 배울 수 있을까?"를 깊이 생각하고, 다양하게 시도하다 보면 반드시 자기에게 맞는 배움의 방식을 찾을 수 있다.

넷째로, 휴일과 주말을 효과적으로 활용해야 한다. 사회인이라면 아무래도 평일에 배움의 시간을 따로 마련하기가 쉽지 않다. 평일에는 업무와 회의, 회식 등 이런저런 이유로 바쁘고, 피곤하기 때문이다. 그래서인지 휴일에 지나치게 늘어져서 잠만 자거나, 게으름을 피우며 시간을 허비하는 경우가 많다. 왜 그렇지 않겠는가? 주중에 정해진 일과에 따라 빡빡하게 일하느라 몸과 마음이 모두 지쳤을 것이다. 한편으론 이해가 간다. 그럼에도 스스로 배우는 사람으로 성장하기 위해서는 휴일 중 오전이나 오후, 새벽이나 밤의 시간을 잘 활용할 필요가 있다. 규칙적인 사람은 휴일에도 습관적으로 평일과 다름없이 일어나게 된다. 아니, 오히려 출근해야 한다는 부담감이 없기에, 평소보다 일찍 눈이 떠지는 경우도 많다. 대부분 휴일 아침부터 약속이 있는 경우는 드물기 때문에, 아무런 부담 없이, 누구의 강요 없이 내가 읽고 싶었던 책을 읽거나, 그동안 써놓았던 메모를 다시 찾아보기도 하고, 생각을 다시 해봐야 할 일을 더 깊이 숙고해 보기도 하자. 더불어 지난주에 "내가 무엇을 배웠는지? 내게 무슨 의미인지? 내가 어떻게 활용했는지?"를 되돌아보자. 제일 중요한 것은 이 시간을 즐거운 시간으로 만드는 것이다. 너무 잘하려 하거나, 너무 시간에 얽매이다 보면 즐거움을 잃어버리게 된다. 길어도 한두 시간 내에 마무리하는 게 좋다. 책을 더 읽고 싶다면 잠시 쉬었다가 다시 읽으면 된다. 이 휴일의 시간을 즐겁게 배우면서 내 휴식의 시간, 내 충전의 시간으로 만드는 것이 중요하다. 즐거워야 오래 지속할 수 있기 때문이다. 이 시간을 통해 자기 배움의 방식을 되돌아보고, 발전시켜 나가자. 휴일에 한 시간 더 잠을 잔다고 피곤이 풀리지는 않는다. 그러나 한 시간을 투자하여 내 배움 방식을 되돌아본다면 반드시 자기만의 배움 방식을 만들 수 있다고 단언할 수 있다. 휴일에 잠시 시간을 내서 자기 배움을 되돌아보는 이 행위 자체가, 내 배움 방식을 스스로 만들어 가고 있다는 확실한 증

거가 아니고 무엇이겠는가!

　자기만의 배움의 방식을 찾아가는 길이 쉽지 않을 수 있다. 그럼에도 자기만의 배움 방식을 인식하고, 스스로 찾아가는 노력이야말로, 스스로 배우는 사람으로 성장하기 위한 발판이 되지 않을까.

　필자의 아내는 가죽공예에 관심이 많다. 아내가 가죽공예를 배우는 방식을 가만히 지켜보면 참으로 그 방식이 다양하다. 기초 지식은 영상으로, 복잡한 기술은 강사에게서, 고도의 정밀성이 요구되는 일은 몇 번을 바느질했다, 풀었다를 반복하면서 배운다. 어떤 때는 사진을 오래 들여다보면서, 어떤 때는 직접 그림으로 그리면서, 가끔은 자기만의 도표와 설명서를 만들어 가면서 배운다. 작업은 주로 밤에 하는데 아내에게는 야간이 제일 집중이 잘되는 시간이기 때문이다. 아내가 의식하지 못하더라도 필자의 눈에는, 아내가 자신의 배움 방식을 만들어 가는 것으로 보인다.

　타인의 배움 방식이 아니라, "나의 배움 방식이 무엇인가?"를 자문하고, 성찰하고, 시도해야 한다. "그냥 배우면 되지 내 배움 방식이 무슨 상관인가?"라는 태도로는, 내게 적합한 배움 방식을 만들지 못한다. 나 자신이 아니라면 누가 내 배움 방식에 대해 말할 수 있겠는가. 내가 아니라면 어떻게 내 배움 방식을 만들 수 있겠는가! '내 방식에 맞게'는 꾸준히 배움에 임하는 사람의 문법이다. 남의 방식을 무작정 따라 하거나, 무리한 방식의 배움은 꾸준할 수가 없기 때문이다. 평범한 우리가 원하는 바를 얻기 위해서는 지속의 힘을 빌리지 않을 수 없다. 내 배움의 방식을 만들어 가는 것이 지속의 힘을 빌리는 최선의 길이 아닐까!

자기 자신에게서
배우는가?

　배움이라면 우리 대다수는 당연하게 책, 강연, 영상을 통해서라 여긴다. 지금까지 우리는 이렇게만 배워왔다. 그러나 중요한 배움의 주체이면서 동시에, 가장 중요한 배움의 대상인 자기 자신을 빼놓고 있었던 건 아닌가. 우리는 자기 자신에게서 배우지도 못했고, 심지어 자신에게서 배우려는 생각조차 하지 못했던 건 아닌가. 수신(修身)이란 말은 많이 들어왔지만, 나와는 무관한 옛사람들의 배움의 방식이라고만 여기진 않았는가. 그러나 수신이 정작 나와는 무관한, 옛사람들의 배움의 방식이기만 한 것일까. 생각해 보면 우리가 우리 자신에게서 배우는 것은 어려운 일도, 특별한 일도 아니다. 하루를 되돌아보며 일기를 쓰는 것, 자기 자신과 대면하면서 대화하는 것, 자신의 태도와 행동을 되돌아보며 성찰하는 것, 자기 생각이나 느낌을 기록하는 것, 자기 자신에게 물어보는 것. 이 모든 행위가 자기 자신에게서 배우는 것이 아닐까. 거창하게 수신(修身)이라 하였기에, 어렵고 대단한 일로 여겨질 수도 있지만, 위에 열거한 모든 행위가 수신이 아닌 게 없다. 정좌하고 고요히 앉아 오랜 시간을 명상해야만, 깊은 산골에서 고독하게 혼자 오랜 시간을 정진해야만 수신인 걸까. 그동안 우리는 우리 자신에게서 배우는 법을 오랫동안 잊어버리고 살아왔다. 어렸을 때 몇 번 적어보았던 일기를 잊은 지 오래고, 자기 자신과 진솔하게 대면하는 일도 시간이 없다는 핑계로 외면한 지 오래다. 그러면서도 "최신 정보다, 꼭 알아야 하는 지식이다, 이것을 모르면 뒤처진다" 여기며 이것저것을 배우느라 나의 소중한 시간과 노력을 허비해 왔다. 스스로 배우는 사람은 다른 누구보다도 자신에게서 배우려 하고, 자신에게서 배울 줄 아는 사람이다. 내가 "오늘 무엇을, 어떻게 했는지?"를 되돌아보며 개선해 나가고, "오늘 나의 만남이 이랬으면 어땠을까?"를 생각하며 회상해 보고, 시간을 내서 자신의 행위를 오래, 깊이 생각하는 시간을 가지는 사람이야말로 자신에게서 배우는 사람이다. 책에서, 강연에서, 영상에서 배우지 말아야 한다 말하는 게 아니다. 우리는 지금까지 배움의 대상을 너무 외부의 세계로만 국한시켜 온 게 아닐까. 내가 잘한 점을 생각해 보면서 무엇을 배웠고, 어떻게 더 발전시켜 나갈지를 고민하고, 내가 못한 점을 돌이켜 보면서 반성하고, 같은 실수를 되풀이하지 않기 위해 분발하는 것. 이렇게 자신에게서 배워가는 게 아닐까. 나 자신에게서는 배우지 않으면서, 무슨 대단한 것이라도 배우는 양 설쳐대고 있지는 않은가. 스스로 배우는 사람은 외부 대상에게서도 배우지만, 자기 자신에게서의 배움을 우선하는 사람이다. 배움이란 자기 여과 과정을 거쳐야만 깨달을 수 있다는 것을 알기 때문이다. 우리는 누구나 자신에게 밀접하게 관련된 일일수록 관심을 기울이고, 알기 위해 노력한다. 남의 연봉보다는 나의 월급에 더 관심이 있고, 타인의 심각한 문제보다는 나의 사소한 현실 문제 해결에 더 노력을 기울인다. 하물며 배움에는 두말할 나위가 있으랴!

우리는 지금까지 외부에서만, 타인에게서만 배우려 해왔다. 외부에만 시선을 두고 사느라, 미처 자신을 되돌아보지 못했다. 나 자신은 배움의 주체이면서 동시에, 가장 좋은 배움의 대상이다. 자신이 평소 느끼고, 생각하고, 행하는 바를 유심히 되돌아보자. 후회도 많고, 아쉬움도 많을 것이다. 그런데도 왜 자신을 되돌아보며 배우려 하지 않는가. 타인에게서는 단지 겉으로 드러난 말이나 행동을 통해서만 배울 수 있는 반면, 자기 자신으로부터는 내면의 느낌, 생각, 태도까지 낱낱이 들여다볼 수 있지 않은가. 우리가 과연 누구로부터 더 깊이 배울 수 있겠는가. 누구에게서 더 절실히 배울 게 있겠는가. 자신으로부터 배우는 성찰(省察)이야말로 가장 실천적이며, 구체적인 배움이 아닐 수 없다. 자신에게서 배우는 것보다 더 생생하게, 절실하게 배울 수 있는 방법이 또 있을까.

배움이란 다른 어떤 일보다도 나 자신을 위한 일이며, 다른 누구의 도움보다도 나 자신의 태도가 더 중요한 활동이다. 지금까지 우리는 자신의 행동을 통해 배우려 하지 않았기에, 자신을 들여다보지도 않았고, 자신과 대면하지도 않았고, 자신을 깊이 되돌아보지도 않았다. 나는 오늘 나 자신에게 다시 묻는다. 어떻게 나 자신에게서 더 잘 배울 수 있을까? 나는 오늘 나 자신에게서 무엇을 배울 수 있을까? 외부 대상으로부터 배우는 사람은 잘 배우는 사람일지는 모른다. 그러나 자신에게서 배울 수 있는 사람은 모든 대상으로부터 배울 줄 아는 사람이 아닐까.

사회인이 된 지금도 여전히 자신을 보지 않고서, 밖으로만 눈을 돌리고 있지는 않은가. 자기 자신에게서 배워야 하는 이유는, 매일 지켜볼 수 있기에, 나의 가장 큰 관심사이기에, 나에 대해 배우면서 동시에 나 자신을 성장시킬 수 있기 때문이며, 나보다 나를 더 잘 아는 사람이 없기에, 나 이외에는 다른 누구도 대신할 수 없기에, 나만큼 나의 성숙을 간절히 바라는 사람이 없기 때문이 아니겠는가.

자신에게서의 배움을 잃어버린 이 시대에, 자기성찰을 배움의 지향점으로 삼았던 우리 선조들의 고고한 정신을 떠올려 본다. "배울 시간이 없다. 주변에 배울 대상이 없다" 말하지 말라. 하루 10분 스스로를 돌아봄으로써 자기 자신에게서 배우려 노력하지 않고서! 자신에게서 배우는 사람을 누구에게서도 배울 수 있는 사람이고, 이미 스스로 배우는 길을 걸어가고 있는 사람이 아닐까!

배울수록 유연하고 자유로워지려 하는가?

　배울수록 자신의 기존지식과 경험에만 갇히는 사람들이 의외로 많다. 자신의 기존지식과 경험에 맞는 것만 받아들이고, 그렇지 않은 것은 외면하고, 배척하기 때문이다. 조선시대 얼마나 많은 지식인들이 유학, 특히 성리학이 아니라는 이유로 사문난적(斯文亂賊)으로 몰려 멸문지화(滅門之禍)를 당했는가만 떠올려 보아도 알 수 있지 않은가. 순종적이고 지키려고만 하는 배움은 필연적으로 편협해지고, 고루해진다. 자기 삶을 위해 배우는 게 아니라, 배우는 내용을 앞세우며, 배운 그대로 따르려 신봉하기 때문이다. "왜 그럴까? 내게 무슨 의미일까? 내 생각은 무엇인가?"를 묻지 않는다. 나의 기존지식, 경험과 맞는 내용은 배우기에도 편하고, 내 눈과 귀에도 쏙쏙 잘 들어온다. 나의 관념에 깊숙이 박혀 있고, 이미 내게 익숙하기 때문이다. 기존지식과 유사한 배움에만 매달리고, 배울수록 답답해지고 안목과 소견이 좁아진다고 느껴진다면, 내가 기존의 것만 답습하고 있는 건 아닌지를 되돌아보아야 한다.

지금까지 우리는 배움을 오로지 경쟁 수단으로만 여겨, 내용을 익히는 데만 열중해 온 건 아닌가. 배우는 과정을 통해 배움의 태도를 기르지 않으면, 지식을 실천하는 사람이 아니라, 창백한 책상물림으로 전락하고 만다. 나의 기존지식과 경험은 내가 이미 받아들였고, 익숙해져 있기 때문에 힘이 세다. 내게 낯설고, 새로운 지식은 미약하며 불명확하기에, 내게서 외면받거나 배척당할 가능성이 매우 높다. 그렇기 때문에 더욱더 우리는 낯설고, 새로운 배움에 의식적인 호의로써 대해야 한다. 배움을 지속하는 사람이라면, 의무라고 여겨도 좋을 만큼 두루 폭넓고 다양한 지식을 섭렵해야 한다. 의식적으로 나의 기존지식과 대립하거나 반대되는 것을 함께 배워야 한다. 이 과정을 통해 나의 기존지식과 경험을 새롭게 재조명해야 한다. 지금껏 수동적 배움의 태도로 여건에 자신을 맞추려고만 해왔다. 그러나 사회인이 된 지금부터라도 능동적 배움의 태도로 자기 자신을 변화시키고, 더불어 여건을 자신에게 맞게 만들어 가야 한다. 가르쳐 주는 것만을 전부로 여기고, 외우기만 하는 수동적 배움에서, 내 생각을 발견하며, 앞으로를 예상하고 대비하는 능동적 배움으로 전환해야 한다. 학교에서와는 달리 사회에서는 하나의 정답만 있는 게 아니며, 절대적인 정답이 없는 경우도 수두룩하다. 예상하고 대비하는 능동적 배움을 통해 배울수록 유연하고, 자유로워지려 해야 한다. 배울수록 내 판단만 앞세우기보다는 먼저 이해하려 하고, 차별하기보다는 포용하려 하고, 내 주장을 강하게 펼치려고 하기보다는 먼저 귀를 내어 주고 들으려 해야 한다. 배움을 통해 나 자신이 조금 더 유연해지고, 자유로워지고 있는가? 사회인으로 우리는 배움의 기준을 자격취득, 경쟁우위의 수단으로만 두지 말고, 유연함과 자유로움을 내 배움의 기준으로 삼아야 하지 않을까!

익숙함에 머무는 한 성장하지 못한다. 자신이 새로운 시도를 하지 않아도 이미 편안하기 때문이다. 낯설고 새로운 것을 찾아 나설 때 우리는 가장 절실히 배울 수 있다. 성장하기 위해서, 성숙해지기 위해서는 익숙함을 떠나야 한다. 왜 위대한 영웅들이 하나같이 집(익숙함)을 떠나 여행길(낯섦, 새로움)에 나섰겠는가. 어떻게 그 길 위에서 부딪히며 성장할 수 있었겠는가. 스스로 도전할 의지를 가지고, 끊임없이 새로운 도전에 나선 덕분이 아니겠는가. 내게 익숙함을 떠나 낯설고 새로운 것을 찾아 나선 덕분에 배울수록 유연하고, 자유로울 수 있는 게 아닐까! 유연하고, 자유로워지려는 의지를 가진 사람이야말로, 의심할 바 없이 스스로 배우는 사람으로 성장하고 있는 바로 그 사람이 아닐까!

배움으로 나를 새롭게
바꾸어 가는가?

　우리는 배우는 내용에 대해서는 잘 이해하는지, 올바르게 아는지, 심지어 배운 내용을 얼마나 기억하고 있는지 관심을 많이 가진다. 배우는 대상에 대해서는 더 잘 이해하려 노력하면서도, 정작 배움의 주체인 자기 자신을 새롭게 변화시키는 데에 대해서는 무지할뿐더러, 무관심하기까지 하다. 심지어 자신을 새롭게 변화시켜야 하는지조차 모르는 경우도 많다. 배우고 있는 내용에만 마음을 두지, 자신의 변화를 인식하지도, 자신을 새롭게 변화시키려고도 하지 않는다. 지금까지 우리가 배움을 단지 지식습득, 경쟁을 위한 수단으로만 대해왔기 때문이다.

　배움으로 나를 성장시키고, 내 삶을 향상시키기 위해서는, 나 자신을 새롭게 변화시키는 데 중점을 두어야 한다. 내용만 줄줄 외울 뿐, 자신이 변화하지 않는데 어떻게 내가 성장할 수 있을 것인가. 내용을 얼마나 기억하느냐만 신경 쓸 뿐, 자신이 어떻게 변화하고 있는지는 관심조차 없는데, 어찌 배움으로 내 삶을 향상시킬 수 있겠는가. 배우는 과정에서 가장 관심 있게 지켜봐야 할 대상은 자기변화가 아닐까. 배우는 과정에서 내 느낌, 생각, 태도가 어떻게 달라지고 있는지, 이 배움이 내 행동에 어떤 영향을 미치는지, 나의 바람직한 변화를 위해 지금 내게 필요한 배움이 무엇인지를 지켜봄으로써, 배움으로 나를 변화시키려 해야 하지 않을까. 스스로 배우는 사람이 된다는 것은 단지 지식을 많이 알고, 배움을 즐기는 것이 전부가 아니다. 배움으로 자기 자신을 끊임없이 변화시켜 나가는 사람이 스스로 배우는 사람이다. 우리의 배움은 지금까지 배움의 내용과 대상에만 치우쳤지, 배움의 주체인 나 자신을 변화시키려 하지는 않았다. 지식을 얼마나 빨리, 많이 아느냐에만 관심을 두어왔을 뿐, 내가 얼마나 바뀌어 가는지는 신경조차 쓰지 않았다. 이런 이유들로 인해 그토록 오랜 시간을 배워왔음에도, 배움으로 자기 현실 문제를 해결하지도, 자기 삶을 개선하지도 못한 게 아닐까. 배움으로 나를 바꾸어 가는 과정이, 스스로 배우는 사람으로 성장해 가는 길이다. 배움을 통해 자신을 새롭게 변화시킬 줄 안다면, 여건의 변화에도 당황하지 않고, 상황에 맞게 자신을 적응시킬 수 있다. 배움으로 나를 변화시킨다는 것은 배우는 내용에 의해서가 아니라, 배우는 나의 역량을 기름으로써가 아닐까. 내용만을 배우는 이는 그 내용과 관련이 있는 일에서만 성과를 낼 수 있을 뿐이지만, 배우는 역량을 기른 사람은, 자기 삶 전체에 배움을 활용할 수 있지 않을까. 과연 누가 여건에 맞게 자신을 더 잘 변화시킬 수 있겠는가. 누가 배움으로 자기 삶을 더 잘 개척해 나갈 수 있겠는가. 배움으로 일상을 행복하게 바꾸지 못할지는 모른다. 그러나 배움으로 나를 새롭게 바꾸어 나갈 수는 있다. 배우는 내용에 집중하면서 동시에 그 과정에서 변화하는 나를 주시한다면, 내용의 이해는 물론이고, 나의 학습역량까지 발달시킬 수 있다. 일신 일일신 우일신(日新 一日新 又日新)이란 배움으로 나를 매일 새롭게, 새롭게 만들어 가라는 말이 아니겠는가!

배움만큼 나를 새롭게 변화시킬 수 있는 일이 무엇이겠는가. 나를 바꿀 수 있다면 배움만큼 내 삶에 필요한 요소가 또 무엇이겠는가. 배우는 사람의 삶은 고착되지 않는다. 배우는 과정을 통해 자신이 계속 변화하기 때문이다. 주변에 남달리 배움에 열심인 사람이 있다면 눈여겨보라. 나이에 상관없이 눈빛이 초롱초롱하게 빛이 나고, 삶이 활기로 넘쳐나는 것을 직접 확인해 보라. 수신(修身)이란 결국 배움을 통해 나를 새롭게 바꾸어 나가는 과정에 다름이 아니다. 수신을 위한 배움과 수단으로써의 배움이 다르지 않다. "배움으로 나를 바꾸려 하느냐, 나를 바꾸어 가느냐"가 관건일 뿐이다. 스스로 배우는 사람은 기존지식에 갇히는 사람이 아니며, 자기 경험에만 매몰되는 사람이 아니다. 물처럼 유연하고, 아침 태양처럼 매일 새롭게 태어나는 사람이다. 진인(眞人, 참된 사람)이 있고 난 연후에라야 진지(眞知, 참된 앎)가 있듯이, 배움으로 자신을 새롭게 바꿀 수 있게 되고 나서야, 참된 배움이 있지 않겠는가! 지금까지 우리는 얼마나 많이 배워왔는지에만 관심을 가질 뿐, 배움으로 얼마나 자신을 바꾸어 왔는지는 괘념치 않았다. 하루가 다르게 급변하는 시대에 과거에 배웠던 지식으로 미래에 대응할 수는 없다. 배움으로 자신을 새롭게 바꾸어 가야만 급변하는 상황에 즉시 대응할 수 있다. 배우기 이전의 나와 배우고 난 이후의 내가 얼마나 달라지고 있는가. 사회인이 된 지금도 여전히 얼마나 아느냐에만 관심을 둘 뿐, 얼마나 자기가 변화하고 있는지는 묻지도, 따지지도 않는 건 아닌가. 왜 얼마나 많이 아느냐만 묻는가? 배움으로 얼마나 자신을 새롭게 바꾸어 가는지는 보지 않고서! 많이 아는 자가 아니라 끊임없이 배우는 자, 상대를 바꾸려 드는 자가 아니라 끊임없이 자신을 변화시켜 가는 자가, 스스로 배우는 사람으로 성장해 나가는 게 아닐까!

배움의 태도를
기르는가?

　무슨 일에서든지 간에 내용보다 언제나 태도가 중요하다. 내용은 내 기분에 따라 잘 배우기도, 못 배우기도 하지만, 태도는 일관되고 꾸준하게 행할 수 있게 만들어 주기 때문이다. 지식을 습득하는 일은 쉽지 않다. 더구나 배움의 태도를 기르는 일이야말로 진정 어려운 일이다. 시간이 오래 걸릴뿐더러 오랫동안 꾸준한 정성을 쏟아야만 가능한 일이기 때문이다. 스스로 배우는 사람은 지식습득을 넘어, 배움의 태도를 기르는 일에 도전하는 사람이다. 배움의 태도란 무엇일까? 필자가 생각하는 배움의 태도란 열린 마음, 호기심, 인내이다.

　열린 마음이란 이미 알고 있거나 내게 익숙한 것보다, 다르고 낯선 것에 의식적으로 호의를 가지고 대하는 자세이다. 내 인식과 태도가 열려 있다는 것은 나의 인격수양이 다르고, 낯선 것을 받아들일 수 있을 만큼 성숙해져 있다는 증표(證票)이다. 우리는 언제 상대를 배척하거나 버럭 화를 내는가? 내가 도저히 받아들일 수 없는 주장을 만났을 때이다. 수긍할 수도 없고, 내 의견을 바꿀 수도 없다고 느껴질 때, 강하게 거부하거나 벌컥 화를 내는 것이다. 어떻게 열린 마음을 기를 수 있을까? 의식적으로 나와 다른 생각, 내게 낯선 환경을 접함으로써가 아닐까. 내게 익숙한 것에 머무르는 것은 쉽고, 편하다. 별도의 노력이 필요 없기 때문이다. 다르고, 낯선 것에는 누구나 의식을 예민하게 곤두세우게 된다. 의식적으로 낯선 것에 자신을 노출시키는 훈련을 통해 조금 더 열린 마음을 가질 수 있는 게 아닐까. 열린 마음이 배움을 통해 나를 편견과 아집으로부터 벗어나게 하는 게 아닐까.

호기심은 활기찬 생의 원천이다. 살면서 우리가 얼마나 많은 시간과 정성을 재미와 흥미를 위해 쏟아붓는가. 그럼에도 호기심만큼 내 삶에 흥미와 재미를 일으키는 행위가 없다. 호기심은 자연스러운 내 활기의 발로이며, 삶을 보다 생생하게 만드는 활력소이다. 쉽게 함부로 외면하거나 억제해서는 안 된다. 잘 돌보아야 한다. 내 시간과 정성을 기꺼이 투자해야 한다. 그동안 우리는 얼마나 해야 할 일, 마지못한 일에 치이며 살아왔는가. 정말 모처럼 만에 찾아온 나의 내면의 소리가, 지금 호기심으로 발동되고 있는 것이다. 호기심이 단순한 관심이거나 스쳐 가는 흥미일 수도 있다. 그럼에도 호기심에는 대상을 알고자 하는 순수한 열정이 있다. "순수한 열정"이라, 정말 오랜만에 들어보는 생경한 단어 아닌가! 순수한 열정만큼 나를 일깨우는 정서가 없다. 내 호기심을 배려하고, 키워감으로써 내 의식을 예민하게, 생생하게 다듬어 가자. 호기심에 나의 시간과 정성을 쏟을 때, 배움에 대한 열정, 나아가 삶에 대한 열정 역시 되살아나는 게 아닐까. 사람은 생래적으로 호기심을 가지고 태어난다. 일상에서 접하는 궁금증에 잠시나마 내 시간과 정성을 쏟는 일이 그렇게 힘든 일이 아니다. 나이가 들어서 궁금한 게, 혹은 흥미가 없어지는 게 아니다. 오랫동안 나의 호기심을 외면하고 억눌러 왔기에, 무엇을 궁금해하고 무엇에 흥미가 있는지를 자신이 인식하지 못하는 것일 뿐이다. 질문이 질문을 부르듯, 호기심에 관심을 쏟으면 호기심이 또 다른 호기심을 부른다. 내 호기심을 외면하지 않는 것보다 더 나은 호기심을 기르는 방법은 없다. 내 호기심에 물을 주고, 꽃을 피우게 하자! 내 호기심을 돌보는 일이야말로, 배움의 태도를 기르는 그 자체가 아닐까!

  배움만큼 인내를 요구하는 활동이 없다. 다른 어떤 활동보다도 배움에는 인내가 요구된다. 내가 주의를 기울여 끈질기게 집중하지 않고서는, 무엇 하나 제대로 내 것으로 만들 수 없기 때문이다. 관찰, 경청, 사색으로 대변되는 구체적인 배움의 활동 하나하나에 필수적인 요소가 바로 인내이다. 끈기 없이는 대상을 오래 들여다볼 수도 없고, 진심으로 귀 기울여 들을 수도 없으며, 깊이 생각을 펼쳐갈 수도 없기 때문이다. 배움 활동인 관찰, 경청, 사색을 통해 인내를 기르기도 하지만, 인내를 기름으로써 관찰, 경청, 심사가 더욱 성숙해지기도 한다. 인내와 배움 활동은 상호상장(相互相長, 서로 진보시켜 주는)하는 관계이기 때문이다. 인내가 중요하다는 것을 모르는 사람은 없다. 그러나 대상에 끈질기게 달라붙어, 끝끝내 자기이해에 이를 때까지 혼신의 노력을 경주하는 사람은 드물다. 지식이 부족해서, 학습자질이 미흡해서 배움을 포기하는 게 아니라, 좀 더 오래 견뎌내려 하지 않아서, 얼마나 자신이 오래 버텨낼 수 있는지 도전하지 않아서, 중간에 배움을 놓아버리는 게 아닐까. 인내를 기르는 특별한 방법은 없다. 묵묵히 참으며 배우고, 배우는 과정 속에서 이전보다 조금 더 버텨내는 것. 이것 이상의 방법을 필자는 모른다. 그러나 이런 배움을 거치면서 나 자신이 단련되고 단단해져 가는 게 아닐까. 집중이 잘되고 내용이 머리에 쏙쏙 들어오는 날도 배우고, 좀처럼 정신을 집중할 수 없고 마음을 다잡을 수 없는 날도 배운다. 즐거운 날도 배우고 슬픈 날도 배운다. 다만 매일 참고 견디며 배워갈 뿐, 인내를 기르는 데 달리 무슨 방법이 있겠는가! 인내야말로 나를 끝끝내 배움에 이르게 하는, 근본적인 배움의 태도가 아닐까!

 열린 마음, 호기심, 인내를 기르는 것은 단지 배움만을 위해서가 아니다. 배움의 태도인 열린 마음, 호기심, 인내는 내 삶 전체에 커다란 영향을 미치며, 내 삶을 송두리째 바꿔놓을 수 있는 힘이 있다. 지식을 습득하는 일은 단편적일 수 있다. 그러나 배움의 태도를 기르는 일은 자기 자신 자체를 변혁(變革)시켜 나가는 무모한 도전이 아닐 수 없다. 배움의 태도를 기르면서도 스스로 배우지 못하는 사람을 필자는 지금껏 본 적이 없다. 아니, 앞으로도 영원히 보지 못할 것이다.

  열린 마음, 호기심, 인내. 알고 보면 이 모두가 자기 마음을 쓰고, 마음을 다스리는 일이다. 열린 마음은 자기 마음을 먼저 내려놓는 일이며, 호기심은 자기 마음을 돌보는 일이고, 인내는 자기 마음을 다스리는 일이다. 자기 마음을 쓰고, 다스리는 일이 수양, 수행 아닌가. 배움의 길과 수신의 길이 다르지 않다. 배움의 태도를 기르는 일이 곧, 수신의 길이 아니겠는가.
  성상근 습상원(性相近 習相遠)이라 하지 않던가. 배움에 대해 타고난 자질은 비슷할지라도, 배움의 태도를 어떻게 기르는가에 따라, 배움의 깊이가 달라지고 삶이 달라진다. 무엇보다도 자기 자신이 달라진다. 배움의 태도를 기름으로써 이왕이면 배울수록 의식이 확장되고, 포용력이 커지는 참지식인을 꿈꿔야 하지 않을까.
  "얼마나 많이 아느냐가 아니라, 얼마나 많이 알려고 하느냐? 얼마나 잘 아느냐가 아니라, 얼마나 잘 알려고 하느냐?" 하는 배움의 태도가, 나를 스스로 배우며 성장할 수 있는 사람으로 키우는 열쇠가 아닐까!

3장

배움과 삶의
조화를 꿈꾸며

{ Invitation to Learning }

평생배움을 계획하는가?

　배움만 한 장기적인 자기성장 기반이 없다. 단기적인 성과만을 위한 배움에 만족할 일이 아니다. 자격취득, 기술습득, 성과 향상을 위한 단기적인 배움도 필요하다. 그럼에도 우리는 자기 자신을 성장시키기는 장기적이 배움 계획이 필요하다. 자신을 변화시키는 배움을 한두 번이나, 1~2년 만에 이룰 수는 없기 때문이다. 자신을 성장시키기 위한 평생배움을 계획하자. 자신이 처한 상황과 역할의 변화에 맞는 배움을 계획하고 실천하자. 자기를 성장시키기 위한 배움은 단기성과를 위한 배움과는 다르다. 무엇보다도 배움의 내용이 아니라, 배움의 주체인 자신의 변화에 초점을 맞추어야 하기 때문이다. 자기 성장을 위한 배움의 첫걸음은 자기 자신을 알아가는 것이다. 일기를 쓰는 것도 좋고, 인상에 남는 것을 기록하는 것도 좋다. 의식적으로 시간을 내어 자기와 대면하는 시간을 가지자. 진실하게 자기 자신을 만나자. "나는 무엇에 관심이 있는가? 나는 어떻게 살고 싶은가? 나는 누구이고자 하는가?"를 물으며 나 자신과 깊이 있는 대화를 나누자. 이 과정에서 자기와 대면하는 법을 배우게 된다. 서점에는 다양한 자기대면 방법을 소개하는 책들이 있다. 지금 내게 필요한 배움이므로 이때 읽는 책은 이전과 다르게 내게 깊이 와닿는다. 자신과의 진솔한 대면을 통해 평생배움을 계획함으로써 자기성장 기반을 마련해 가자.

필자의 경우 나 자신과 대면하는 시간을 통해 의식, 집중, 명상, 성찰 등에 대해 더 깊이 배울 수 있게 되었다. 배우면서 조금 더 성장하고, 성장해 나가면서 배움도 함께 깊어진다. 이런 과정 속에서 자기성장을 위한 평생배움 계획을 더 세밀하게 세우게 된다.

평생배움을 계획하면 자신의 상황과 역할에 맞는 적재적소의 배움을 행할 수 있다. 내 성장이 걸린 일인데 소홀할 수는 없는 일 아닌가. 두 번째 걸음은, 자기 삶을 향상시키기 위한 배움을 행하는 것이다. 삶의 향상이란 무엇을 의미할까? 한마디로 삶의 전 영역에서 지금보다 더 나아지는 것이 아니겠는가. 의식주와 관련해서도, 정서와 의식에 관련해서도, 지성이나 영적인 부분에서도 어느 특정한 한 영역만 발달시키기보다는 전 영역을 골고루 향상시키려 하자. 우리 삶은 대나무로 만든 물통과 같아서, 가장 낮은 대나무 토막에서 물이 새면 그 통에 더 이상 물을 담을 수 없기 때문이다. 삶의 전 영역에 걸친 향상을 꾀한다면 평생배움을 계획하고 실천하지 않을 수 없다. 특정 시기 동안은 한 영역에 집중할 수도 있지만, 삶 전체에 걸쳐서는 두루 폭넓게 배우고 섭렵하는 것이 낫다. 시기적으로 보면 30~40대는 인생 기반을 마련하고, 가정을 꾸리는 시기이므로 자기 업무에 관련된 배움에 가장 신경을 쓸 때이다. 50~60대에는 지난 삶을 되돌아보고, 앞으로의 삶을 위한 지식과 지성을 배우기에 적합한 시기이다. 70대에는 자유롭게 자신이 원하는 것을 배울 수 있다. 이 시기에는 정서와 영적인 배움이 삶의 향상에 큰 도움이 된다. 설령 시기별로 실천하지 못하더라도 평생배움 계획을 세워두면 틈틈이 되돌아보고, 한 번이라도 더 내게 맞는 배움을 생각하게 된다. 조금 더 빠른 것, 조금 더 아는 것, 조금 더 쉽게 배우는 것은 중요한 게 아니다. 내 배움의 계획하에 평생에 걸쳐서 꾸준히 배워나가는 것이 관건이기 때문이다. 자기 삶을 향상시키는 배움에 어찌 보다 빨리, 보다 많이, 보다 편하게를 추구할 수 있겠는가.

 평생배움 계획으로 가장 크게 변화하는 것은 자신의 마음가짐과 태도이다. 평생배움을 계획하기에 조급해하지도, 분위기에 휩쓸리지도, 게을러지지도 않는다. 더불어 평생을 배울 각오이기에, 배움을 특정 시간과 특정 장소로만 국한시키지 않는다. 만남에서도, 자연에서도, 무엇보다도 자기 자신에게서 배우려 하고, 배울 줄 알게 된다. 누가 가장 잘 배우는 사람일까? 자기성장을 위한 배움, 자기 삶의 향상을 위한 배움을 계획하는 사람이 아니겠는가. 결혼계획, 자녀계획, 내 집 마련 계획을 세우는 일에는 골몰하면서, 정작 나 자신을 송두리째 바꿀 수 있는, 자기변화를 위한 평생배움 계획에는 얼마나 시간과 노력을 쏟고 있는가! 평생배움 계획으로 내 삶을 풍요롭게 가꿀 수 있다는 확신을 가지자.

우리 시대 경영의 구루였던 피터 드러커 교수는 2~3년마다 새로운 배움을 계획하고, 평생토록 지속했다. 세계적인 석학조차 평생배움을 계획했다면, 아니 평생배움을 지속했기에 세계적인 석학이 되었다고 보는 게 옳을 것이다. 그렇다면 평범한 우리는 어찌해야 할까? 평생배움 계획을 세움으로써 배움과 삶의 조화를 추구해야 하지 않을까! 지금 우리의 평생배움 계획을 다시 생각해 보지 않아도 좋겠는가!

배움으로 자기 삶을
풍요롭게 가꾸는가?

　사람들은 저마다의 방식으로 자기 삶을 가꾸며 살아간다. 일로써, 가정으로써, 명예로써, 부로써, 평안으로써. 지속적으로 우리 삶을 풍요롭게 만들 수 있는 방법이 무엇일까? 나이 들어가면서도 여전히 재색명리(財色名利)의 추구에만 매달린다면, 우리 삶이 너무 각박해지는 게 아닐까. 그렇다고 무사 안일하게 시간을 허비하며, 인생을 무의미하게 살 수는 없는 노릇이다. 그러기에는 내 삶이 너무 소중하지 않은가. 배우는 삶이 하나의 훌륭한 방안이 되지 않을까. 배우는 사람은 항상 지적 호기심과 열정을 간직하며 살아간다. 배워야 할 게 있고, 배우고 싶은 게 있기에 기존 상태로 그대로 머물러 있기보다는, 계속 성장하면서 자기 삶을 풍요롭게 가꾸어 간다. 나이가 들어도 여전히 호기심이 많으며, 자기 호기심을 충족시키기 위한 열정을 지닐 수 있다. 또한 배우는 삶에는 순수함이 있다. 나를 내려놓지 않고서는, 내 기존지식과 경험을 내려놓지 않고서는 새로운 것을 배울 수 없기 때문이다. 나를 내려놓은 순간만큼은 순수한 나로 돌아간다. 겸허하고 보다 포용적인 태도로 사람을 대하게 된다. 배우려 하기에 자신을 낮추고, 상대에 귀 기울이게 된다. 나이가 들어서도 이런 순수함을 잃지 않는 사람은 삶이 보다 풍요롭지 않을 수 없다. 배우는 삶이 우리에게 가져다주는 또 하나의 기쁨은 지적 성장이다. 지적으로 성장한다는 것은 단지 지식축적만을 뜻하는 게 아니다. 인격 자체가 성숙한 사람으로 변모한다는 의미이다. 섣부른 판단 먼저 하지 않고 신중히 생각하며, 함부로 덤벼들지 않고 주변과 조화를 도모한다. 배우면 배울수록 자신이 모르는 게 많다는 것을 깨닫게 되기에, 함부로 상대를 재단하거나 자기주장에만 빠지지 않는다. 자연스럽게 온화해지고 너그러워지면서 사람과의 관계가 돈독해진다. 사람과의 관계가 성숙한 사람의 삶이 풍요롭지 않을 리가 없다. 나이가 들수록 주변과의 관계가 중요해진다고 말한다. 돈과 권력, 자기 이익만을 추구하던 사람들이 시간이 지남에 따라 하나둘 떨어져 나가고, 정신적 교류를 지향하는 관계 형성이 새롭게 이루어진다. 배움을 통해 나의 지적 성장을 이룸으로써 인간관계가 풍부해지고 돈독해진다. 이런 지적 성장을 해나가는 삶이 외롭고, 편협해질 리가 없다.

배움만큼 자신을 활기차게 만드는 활동을 나는 알지 못한다. 의무적이거나 강요된 배움이 아니라 내 삶을 풍요롭게 가꾸기 위한 배움이기에, 자발적·능동적 태도로 임하게 된다. 누구와 경쟁하려, 무엇을 이루려고 배우는 것이 아니기에, 상호 협력 하고 함께 기뻐할 수 있게 된다. 배움을 통해 삶에 협력과 기쁨이 솟아난다면, 내 삶이 보다 풍요롭지 않을 리가 없다. 지금 이 시간에도 우리는 삶을 보다 풍요롭게 만들기 위해 열심히 노력 중이다. 우리에게 한정된 시간과 노력을, 단지 남보다 앞서기 위해, 남을 이기기 위해 모조리 쏟아붓고 있을 수만은 없지 않은가. "무엇을 위한 경쟁인지? 경쟁 뒤에는 무엇이 남는지?"는 생각하지도 않고, 오직 이기는 것에만 몰두하는 삶을 살 수만은 없지 않은가. 삶의 한때는 경쟁에서 이김으로써 자기 삶이 풍요로워질 수도 있다. 그러나 일생 전체를 생각해 보면, 배움만큼 자기 삶을 풍요롭게 가꿀 수 있는 일이 또 어디 있겠는가! 배우는 삶에는 호기심과 열정이 있다. 배우는 삶에는 순수함이 있다. 배우는 삶에는 활기가 있다. 배우는 삶에는 지적 성장이 있다. 배우는 삶에는 또한 관계 개선이 있다.

지금까지 우리는 배움을 지나치게 좁게, 무엇을 얻는 수단으로, 단기적인 성과만을 위한 방편으로만 대해오진 않았는가. 이제 배움에 대해 보다 넓게, 보다 멀리 바라볼 필요가 있다. 특정 분야에서 삶의 전반적인 무대로, 무엇을 이루는 수단에서 배움 그 자체로, 일시적인 성과를 위한 배움에서 자기 성장과 자기 삶 향상을 위한 활동으로! 언제까지 지금의 단조롭고, 무미건조한 삶만을 붙들고 있을 것인가. 대체 언제까지 나의 기존지식과 경험에만 의존하며 근근이 연명하기만 할 것인가.

　필자는 매월 시(詩) 한 편을 소중한 이에게 선물한다. 이 바쁜 시대에 시 한 편이 무슨 대수이겠는가. 그럼에도 시 한 편을 고르는 데 적지 않은 시간과 정성을 들인다. 한 편의 시로 소중한 이의 삶에 물기를 전해주고 싶기 때문이다. 시 한 편으로 "우리 삶을 얼마나 촉촉이 적실 수 있겠는가?"만은, 시 한 편조차 없는 삶이라면 우리는 대체 얼마나 메마른 삶을 살아가는 것이겠는가! 배움으로 우리 삶을 풍요롭게 가꾸지 않는다면, 삶이 배움을 외면하지 않겠는가.

　배움에는 나이, 성별, 신분이 따로 있을 수 없다. 누구에게나 배움만큼 자기 삶에 열정을 내뿜게 하는 활동이 없기 때문이다. 배움의 진정한 묘미는 지식습득이 아니라, 자기 삶을 활기차게 만드는 일이 아닐까. 배움으로 내 삶을 풍요롭게 바꾸어가는 활동을 지금 바로 시작하자. 내 삶을 평생 생생하게, 활기차게 만들 수 있는 활동이 배움 외에 또 있을까! 배움으로 내 삶을 풍요롭게 가꾸어 감으로써, 배움과 삶을 더욱 조화롭게 만들어 가자!

일상에서 배우는가?

 우리가 제도권 교육에만 길들여져 왔기에, 배움이 특정 장소와 특정 분야에만 국한되어 있다고 생각한다. 수동적으로 듣는 것에만 익숙해져 왔기에, 조용히 듣고 있어야 잘 배운다 여긴다. 선생님에게만 배워왔기에 나보다 많이 알고, 나보다 나은 사람에게서만 배울 수 있다 생각한다. 그러나 사회인으로서의 배움은 장소, 분야, 대상을 굳이 가릴 필요가 없다. 아니, 가려서는 안 된다. 사회인으로서 가장 많이 배우는 장소가 어디일까? 자신이 일하는 일터가 아닐 수 없다. 업무는 물론이거니와 동료와의 관계, 대화, 협력 등 학생 신분일 때와는 배우는 장소, 대상, 방법이 무척 다르다. 자기 일을 통해서 배우려 하자. 매일

깨어 있는 대부분의 시간을 보내는 일터에서 보고, 듣고, 느끼고, 행동하면서 배우자. 일 잘하는 선배의 모습을 보고 일머리를 배우고, 타인과 협력을 잘하는 이에게서 함께 일하는 법을 배우고, 대화를 잘하는 동료에게서 소통하는 법을 배우자. 일터에서 배울 때 가장 많이, 그리고 가장 잘 배울 수 있다. 일터에서는 배움의 실제적인 활용과 효과를 바로바로 확인할 수 있기에 배움에 더 적극적이게 된다. 동료 중에 대화를 잘하는 사람을 유심히 살펴보고, 다른 이와의 대화에서 활용해 보자. 대화 후에 무엇을 잘했는지를 되돌아보자. 꼭 시험을 치러야만 열심히 배울 수 있는 건 아니다. 일터에서 배우려 하지 않기에, 배울 게 없다 여길 뿐이다. 그러나 조금만 생각해 보면 내 일터에서의 활동이 배움이 아닌 게 하나도 없다는 것을 알게 된다. 나의 일터보다 일상에서의 배움에 더 좋은 곳은 없다.

일상에서의 배움 중에 사람과의 만남보다 더 많이 배울 수 있는 기회는 없다. 만남이야말로 타인의 오랜 지식과 생생한 경험을, 한마디로 산지식을 배울 수 있는 절호의 기회이다. 경청을 통해 관련 지식을 배우고, 상대의 장점으로부터 본받을 점을 배우고, 생생한 경험을 자세히 물어봄으로써 크게 배울 수 있다. 더군다나 상대는 자신에게 귀 기울여 주면, 자신의 노하우를 가르쳐 주면서도 나에 대한 호감을 갖게 된다. 내가 만나는 한 사람, 한 사람이 모두 움직이는 도서관이고, 가르침을 주는 스승이다. 이런 배움을 얻기 위해서는, 만남 전에 "오늘은 상대에게서 무엇을 배울 수 있을까?"를 먼저 생각해 보고, 만남

후에 "무엇을 배웠나?"를 되돌아보아야 한다. 한 번의 만남에서 많은 것을 배우지 못한다 할지라도, 이런 태도를 견지한다면 결국, 만남으로 살아 있는 생생한 정보와 지식을 배울 수 있다. 사람인 우리가 사람에게서 배우지 않고 무엇에게서 배우려 하는가. 일상에서 배우려 하는 사람은 만남에서 배움을 찾는 사람이 아닐까.

종종 잊고 있을지라도, 우리는 자연과 더불어 살고 있다. 잠시만 내 주위를 둘러보면, 도시에 산다 하여 자연과 동떨어져 있거나, 자연으로부터 멀리 떨어져 살고 있지 않다는 것을 알 수 있다. 집안의 식물부터, 문밖을 나서면 펼쳐지는 하늘과 바람, 차를 타거나 걸으면서 마주치는 자연을 다르게, 새롭게 보려 하자. 어제 보았던 하늘과 오늘 보고 있는 하늘이 다르고, 지난주에 보았던 나무와 지금의 나무가 다르지 않은가. 어디 그뿐인가. 그 다른 하늘과 나무를 보고 있는 나 자신까지 달라진 사람이 아닌가. 만물이 이러하거늘, 왜 똑같은 일상이 되풀이된다 여기는가.

아침에 맑게 우는 새소리에 찌푸렸던 내 표정을 풀어버릴 수 있다. 심각할 게 무엇인가. 오늘도 웃으며 시작하자고 다짐할 수 있다. 내 책상 모서리에 작지만 힘차게 살아가는 화분을 보면서, 저 작고 여린 생명조차 최선을 다해 살아가거늘, 나만 힘들다고 투정을 부리고 있는 것은 아닌지 되돌아볼 수 있다. 길 가다가 우연히 만난 개미를 보며, 무언가를 기를 쓰고 힘들게 물고 가는 모습에 숙연함마저 느낄 수 있다. 만물 하나하나가 자기 삶에 최선을 다하지 않는 게 없구나. "미물들도 저렇게 열정적으로 살아가는데, 만물의 영장이라는 사람인 내가 힘을 내서 살지 못할 이유가 무어란 말인가!"라며 자신을 다독일 수 있다. 자연에게서 삶을 대하는 진지한 태도를 배울 수 있다. 나의 일상과 나의 배움이 별개가 아님을 알아야 한다. 일상 속에서 배움이 행해질 때라야 나의 배움이 제대로 되어간다 여겨야 한다. 누구나 수업 중에는, 시험을 앞두고는, 강연에 참여할 때는 잘 배운다. 그러나 되돌아보자. 나는 일상에서 배우려 하고, 실제로 배우고 있는가? 일상에서 배우려 하지 않기에, 일상과 배움이 긴밀하게 연결되지 못하고 따로따로 동떨어진 게 아닐까.

필자는 오늘 오후에 친구를 만날 약속이 있다. 그 친구는 말을 재미있게 하는 탁월한 재주가 있다. 이전에도 그 친구에게 몇 가지를 배워서 다른 모임에서 멋지게 활용한 적이 있다. 물론 좋은 반응을 얻었다. 오늘은 또 어떤 재미있는 이야기를 들을 수 있을까, 그 얘기를 어디에서, 누구에게 써먹을까. 이런 생각만으로도 만남이 기다려지는 것은 물론이고, 배움에 대한 나의 열정도 더욱 타오르게 된다. 우리는 이렇게 일상에서 배워 가는 게 아닐까.

무언가 특별한 대상이나 방법으로 배움을 찾아 헤매고 있지는 않은가. 배움이 아닌 일상이 없거늘, 내 일상에서는 배우려 하지 않고 여전히 고담준론이란 허상만 쫓고 있지는 않은가.

가장 자주, 오래, 많이 접하고 있는 우리의 일상에서 배우지 않는다면, 자기성장을 위한 배움은 요원한 게 아닐까. 나의 일상으로부터 배우고 있는지 되돌아볼 일이다!

 오늘은 "중요한 일이 있어서, 급한 일이 있어서, 특별한 날이라서"라며 배움을 계속 미루고 있지는 않은가. 이런 마음가짐으로 어디 배움이 일상에 발붙일 데가 있겠는가. 오히려 그 중요한 일에서, 그 급한 일로부터, 그 특별한 날에서 배우려 하자.

 일상적 배움이란 배움이 특별한 행위가 아니라, 일상적 행위 모두가 배움이라는 의미가 아닐까. 일상에서의 배움이 중요한 이유는 내가 매일 접하는 일이기에, 내 현실이기에, 내가 가장 잘 배울 수 있고, 잘 배워야 하기 때문이다. 지금의 내 일상과 다른 삶은 내게 없기에, 가장 소중한 내 일상에서, 일상에 대해서, 일상적으로 배워야 하는 게 아닐까. 일상에서 배울 때, 나의 배움과 삶이 더 조화로워지는 게 아닐까!

배우고 익힌 후에
내려놓는가?

　배움은 누구에게나 어렵고, 힘든 과정이다. 학창 시절을 거쳐 왔기에 우리 모두 너무 잘 알고 있지 않은가. 공식 하나 제대로 외우기가 얼마나 힘이 드는지, 원리 하나 올바르게 이해하기가 얼마나 힘에 겨운지를. 얼마나 애써서 습득한 지식인데 이제 와서 내려놓으라니, 하나라도 더 알기 위해 발버둥 쳐도 모자랄 판국에 배워왔던 것을 떠나보내라니. 의심이 들고, 무엇을 위한 일인지 이해가 가지 않을 수 있다. 사람은 누구나 자기의 시간과 노력을 들여서 이룬 일에는 다른 것보다 훨씬 강한 애착을 가지기 때문이다. 그럼에도 배우고 익힌 후에 내려놓아야 하는 이유는 분명하다.

첫째로, 내려놓아야만 억지로 담으려고만 할 때는 생겨나지 않던 지혜가 내 속에서 솟아날 수 있기 때문이다. 학자, 지식인이라 불리는 사람들이 얼마나 자기 지식에만 사로잡히는 경우가 많은가. 심지어 삶을 위한 지식이 아니라, 지식습득을 위한 삶을 살아가는 사람들도 있는 지경이다. 끊임없이 계속 담으려고만 하는 태도에서는 새로운 것이 생겨나지 않는다. 쌓고 유지하기에만 급급하기에, 새로운 것에 눈을 돌릴 겨를이 없거니와, 새로운 것을 만난다 하더라도 마음을 열고 대할 여유가 없기 때문이다. 너무 가졌기에 오히려 가난한 사람들을 주변에서 보지 않았는가. 지나치게 모으는 데만 몰두했기에, 함께할 줄도, 베풀 줄도 모르는 삶을 보아오지 않았는가. 지식 역시 마찬가지이다. 무턱대고 계속 담으려고만 하는 태도로는 자신의 것을 만들어 낼 수 없다. 기존지식을 내려놓고 자신에게 여유 공간을 허락할 때라야, 내면에서 새로운 생각이 솟아날 수 있다.

논어를 읽을 때는 논어야말로 인생 최고의 지침이라고 여기기 쉽다. 그러나 노자, 장자를 읽으면 도덕경과 장자가 삶의 정수가 아닌가 하고 생각하게 된다. 논어를 배울 때는 공자에 빠지고, 도덕경을 읽을 때는 노자에 매료되어도 좋다. 그러나 다 배우고 나서는 그 내용을 내려놓고, 떠나보내야 한다. 내게 필요한 것을 취하되 결코 숭배하거나 신성시해서는 안 된다. 공자와 노자가 아무리 위대한 인물이라 하더라도 존중하고 존경할망정, 신봉자나 추종자가 되려 해서는 안 된다. 의식적으로 두루두루 폭넓게 배워야 한다. 깊어지기 위해서는 먼저 외연을 넓게 시작해야 한다. 모든 강물이 모여서 바다를 이루듯, 다양한 배움을 두루 섭렵하여 내가 중심이 된 내 견해를 만들어 가야 한다. 왜 배울수록 기존지식에 갇히게 되는 걸까? 그 내용을 비판적으로 보지 않고, 신봉하고 추종하기 때문이다. 내가 모르는 것을 알게 해주는 책이나 강연자가 그 당시에는 다른 누구보다도 더 위대해 보인다. 그렇다 하더라도 배움이란 한 권의 책이나 한 명의 인물에게만 머물러서는 안 된다. 잠시 머무르는 임시 거처로 여겨야지, 영구히 정착하려 해서는 그 자리에 고착되고 만다. 신봉하고 추종하기 때문에 나의 기존지식과 다르고, 새로운 것에는 마음을 열고서 대하지 못하게 되는 것이다. 배운 것은 내려놓고, 떠나보내야만 낯설고, 새로운 것에 호의로 대할 수 있다. 낯설고, 새로운 것에 호의를 가지고 대할 수 있다는 것은 그만큼 인격적으로 성숙했다는 의미가 아니겠는가!

둘째로, 배우려 하는 사람에게는 지식에 대한 탐욕만큼 강한 욕망이 없다. 다른 욕망과 마찬가지로 지식축적 욕망 역시, 지나치면 나를 기존 사고의 틀에 갇히게 구속한다. 이런 구속은 자신이 스스로 인식하기가 어렵기에 더욱 심각한 문제가 된다. 분야가 다르고 쓰임새가 다를지라도, 지식은 서로 연결되어 있다. 채우고 채워서 지식이 연결되는 게 아니라, 흐르고 흘러서 서로 만날 때 새로운 지식이 생긴다. 나 혼자서만 독점하고 있는 지식은 큰 위력을 발휘하지 못한다. 단기적으로만 보면 혼자 지식을 독점하는 것이 이익일 수 있을지 모르지만, 교류와 협력을 통해 내 지식의 기반이 더욱 단단해지고, 타 지식과 긴밀히 연결되면서 훨씬 더 큰 영향력이 생긴다. 세상에 얼마나 많은 새로운 지식들이 자유로운 토론과 교류를 통해 생겼는가. 내 지식이라는 소유 욕망을 내려놓아야만 새 지식이 생길 수 있지 않을까!

　배우고 익힌 것을 내려놓는다는 것이, 억지로 기존지식을 외면하거나 억누르라는 것이 아니다. 내가 가진 지식의 얽매임에서 벗어나라는 의미이다. 인간은 자신을 둘러싸고 있는 외부 환경에만 얽매이는 게 아니다. 눈에 보이지 않는 이론, 사상, 규범, 생각, 제도에 오히려 더 속박받으며 살아간다. 똑같은 생각, 틀에 박힌 사고, 끼리끼리의 한계에서 벗어나야 한다. 삶을 다르게, 새롭게 시작하려는 사람은, 자신에게 익숙한 기존 환경을 떠남으로써 새로운 시작을 꾀하곤 한다. 겉모습뿐만 아니라, 내면의 정신세계까지 다르게, 새롭게 시작하고 싶은 사람이라면, 지나치게 익숙하여 오히려 나를 한계 짓고 있는 자신의 기존지식을 내려놓음으로써, 새로운 삶을 시작할 수 있다. 배운 것을 내려놓을 수 있는 사람은, 삶에서 무슨 일을 만나도 집착을 내려놓을 수 있는 법이다.

　비워야 얽매이지 않고, 있는 그대로를 볼 수 있다. 내려놓음으로써 새롭게 채울 수 있는 지혜를 통해 배움과 삶을 조화롭게 가꾸어 가자!

배움의 태도로
일상을 대하는가?

　배울 때는 마음을 열고 자신을 내려놓는 사람도, 일상생활에서는 마음을 닫고 자기만을 앞세우는 경우가 얼마나 많은가. 배운다고 생각할 때는 잘 보고, 잘 들으면서도, 일상에서는 자기가 보고 싶은 것만 보고, 듣고 싶은 것만 듣는 경우가 얼마나 잦은가. 배우는 중에는 스스로 질문을 잘 하면서도 일상에서는 자신의 기존지식과 경험에만 갇히는 경우는 또 얼마나 흔한가. 왜 이다지도 배움을 대하는 태도와 일상을 살아가는 자세가 다른 것일까. 어떻게 배움의 태도로 일상을 대할 수 있을까.
　배울 때의 우리 태도와 행동이 어떤지부터 알아야 한다. 배울 때 우리는 가장 먼저 우리 마음을 열게 된다. 내 마음을 대상을 향해 열지 않고는 보아도 보지 못하고, 들어도 들을 수 없는 것은 물론이고, 결코 배울 수도 없기 때문이다. 일상을 배움의 태도로 마음을 열고 대할 때 일상에서 배우고, 배우면서 일상을 살아갈 수 있지 않을까. 배울 때는 쉽게 자신을 잘 내려놓는다. "안다, 낫다, 해봤다"는 태도로는 그 무엇도 배울 수 없다는 것을 잘 알기 때문이다. 자신을 내려놓으면, 만나는 사람 모두가 배움의 대상이다. 자신을 내려놓는데, 어찌 배우지 않을 수 있겠는가. "자신 내려놓기"가 바로 배움의 태도가 아닐 수 없다. 배울 때 우리는 판단을 중지한다. 더 잘 알기 위해 먼저 판단하기보다는 깊이 관찰한다. 제대로 보아야만 올바로 판단할 수 있다는 것을 잘 알기 때문이다. 판단을 먼저 앞세우면 기존 내 지식과 경험에 맞는 것만 보게 되고 선입견으로 인해 있는 그대로 보지 못하게 된다. 판단을 유예하고 알기 위해 대상을 들여다볼 때 우리는 더 잘 배울 수 있다. 배우려 하면 상대의 말에 더 귀 기울인다. 내 말을 하기보다는 한마디라도 더 들으려 주의를 기울인다. 경청하는 태도로 삶을 대하면 언제, 어디서나, 누구에게서나 배울 수 있다. 경청하는 사람이 편견에 빠지거나, 배움을 게을리할 리가 없기 때문이다. 경청은 배움은 물론이고, 상대의 마음까지 얻을 수 있는 배움의 근본 태도가 아닐 수 없다.

우리는 배우겠다 마음먹으면 질문이 스스로 생겨난다. 알고 싶기에 하나라도 더 궁금해하고, 물어보고 싶어진다. 질문은 타인의 관심사가 아닌 나만의 고유한 호기심의 발로이기에, 질문만큼 나를 배움에 적극적으로 참여시키는 방법이 없다. 질문을 하는 순간 없던 열정도 새롭게 솟아난다. 배움의 태도로 일상을 대하는 게 특별한 게 아니라, 질문을 품고, 질문을 생각하고, 질문하는 그 자체가 배움의 태도로 일상을 대하며 사는 것이다. 질문을 품고 사는 사람은, 품고 있는 질문과 조금이라도 연관된 일에는 무척 예민해진다. 심지어 직접적인 관련이 없는 주제에서도 자기 질문과 연관시키며 이리저리 생각해 보게 된다. 인류 역사에서 얼마나 많은 사람들이 수도 없이 목욕탕에 드나들었겠는가. 그럼에도 오직 아르키메데스만이 "왕관에 포함된 금의 함량이 얼마나 될까?"라는 질문을 품고 있었기에, 넘쳐흐르는 목욕탕 물을 보고 "유레카"를 외치며 그 해답을 찾을 수 있었던 게 아닐까! 지금 당장 평소에 궁금해하던 것을 상기해 보자. 지금 이 기회에 내가 품은 질문을 마음 깊이 새겨두자. 질문을 품고 있는 한 언젠가는 반드시 그 해답을 찾을 수 있다.

배우는 순간에는 내용을 비교하고, 분석하고, 정리를 잘한다. 한마디로 대상을 탐구(探究)한다. 우리는 탐구가 매우 특별한 행위라고 생각한다. 그러나 일상에서 저축을 할 때도 금리와 혜택을 꼼꼼히 따져보지 않는가. 우리나라 경제를 비교, 분석하는 일은 탐구이고, 내가 가입할 금융상품을 비교하고, 분석하는 건 탐구가 아닌가. 탐구는 특별한 행위도, 학문이 깊어야만 할 수 있는 활동도 아니다. 내 관심사를 비교, 분석, 정리하는 일이 바로 탐구활동이다. 대상을 비교, 분석, 정리하는 배움의 태도로 일상을 탐구해 보자. 저축은 물론이고, 음식, 장보기, 여행, 보험 가입까지 탐구할 거리가 넘쳐난다. 탐구하는 태도로 일상을 대하면, 삶에 활기가 돌 뿐만 아니라, 내 속에 배움이 차곡차곡 쌓이게 된다.

배움의 태도로 일상을 대하는 가장 근본적인 방법은, 내가 지금 배우고 있다는 사실을 인식하는 것이다. 일상이 배움이 아닌 게 없건만 자기가 지금 배우고 있다는 것을 인식하지 못하기에, 일상에서 배우려 하지도 않고, 배우지도 못하는 것이 아닐까. 힘든 업무를 해냈는데, 실수로 인해 야단을 맞았는데, 협력하여 성과를 창출했는데, 그런데 나는 무엇을 배웠는가. 배우고 있다는 인식을 못하기에 그냥 지나쳐 버리고 만다. 실제로 배우고 있으면서도 자신이 배우고 있다는 것을 인식하지 못하기에, 시간과 노력을 쏟고 나서도 정작 배운 게 아무것도 없는 게 아닐까.

내가 지금 배우고 있다는 인식을 가지면, 일을 대하는 나의 마음가짐과 태도가 달라진다. 일을 해나가는 과정이 달라진다. 일을 하고 나서도 되돌아보게 된다. 일을 대하는 나의 태도가 진지해지고, 일하는 과정에 열정을 쏟으며, 행한 후에 다시 돌이켜 보는데, 배우지 못하는 사람이 있을 수 있겠는가. 내가 지금 배우고 있다는 인식은, 배움의 태도로 일상을 대하기 위한 토대(土臺)이다. 배움의 태도가 내 삶에 자리 잡고 있지 않으면, 배우면서도 배우고 있다는 사실을 자신이 인식하지 못한다. 필자의 최대 목표가 배움의 태도로 살아가는 것이다. 배움의 태도로 내 일상을 살아갈 수 있다면, 내 삶이 얼마나 풍요롭고 활기차겠는가.

새로운 지식과 배움을 찾는 것 이상으로, 배움의 태도로 일상을 살아가는 것이 중요하다. 배움과 나의 일상이 긴밀히 연결되지 못하는 이유는 배움의 태도(열린 마음, 호기심, 인내)로 일상을 대하지 않기 때문이다. 배움의 태도와 일상적 생활방식이 조화롭지 못하기 때문에, 배움을 일상에서 활용하지도, 일상 속에서 배우지도 못하는 것이다. 더 새롭고, 높고, 많은 배움이 아니라, 배움의 태도를 내 몸과 마음에 익히는 일에 최선의 노력을 경주해야 한다. 배움이 자기 수신(修身), 수양(修養), 수행(修行)으로 나아가는 것은 배우는 내용 때문이 아니라, 배우는 과정에서 내 몸과 마음에 깊숙이 자리 잡은 배움의 태도 덕분이 아니겠는가!

왜 배움의 태도로 일상을 대하지 못할까? 우리 자신이 배움의 태도로 살려 하지 않았고, 배움의 태도가 내 몸과 마음에 충분히 배어들 때까지 숙련하지 않았기 때문이다. 배움의 태도로 살기 위해서는 배움에만 집중한다고 되는 게 아니다. 배움의 태도가 의식하지 않고서도 일상에서 저절로 발휘되도록, 숙련(熟練)에 숙련을 거듭하고 나서야 겨우 기대할 수 있는 일이다. 생각해 보면 배움의 태도인 열린 마음, 호기심, 인내가 비단 배움에서만 필요한 태도가 아니라는 것을 깨닫게 된다.

배움을 열린 마음으로 대하는 사람이 어찌 일상을 닫힌 마음으로 살겠는가!

  호기심에 귀 기울이고 충족시켜 가는 사람이, 어찌 다른 일에는 무신경하고 게으를 수 있겠는가!

  배움에는 끈질기게 최선을 다하는 사람이, 어찌 일상에서는 쉽게 포기하는 사람이겠는가!

  자격취득, 기술습득, 경쟁우위 수단으로서의 배움은 작은 배움이다. 단기간에 목적을 이룰 수는 있을지언정, 자신의 변혁(變革)을 이끌어 내지는 못한다. 그러나 배움의 태도로 일상을 대하는 사람은 열린 마음, 호기심, 인내를 발판 삼아 자신이 더욱 성숙해지는 것은 물론이요, 삶의 새로운 지평을 열어갈 수 있지 않을까! 우리가 주의를 기울여서 배우고 익혀야 하는 것은 특정 지식이 아니라, 배움의 태도로 일상을 대하려는 마음 그 자체가 아닐까. 배움의 태도로 일상을 대함으로써 배움과 삶을 더욱 조화롭게 일구어 갈 수 있지 않을까!

배움의 방식과 삶의 방향을 조화롭게 만들어 가는가?

이 시대는 현실보다 이론을 앞세우고, 행동보다 이념을 우선하는 진영논리가 판을 치고 있다. 이론을 앞세워 현실을 재단하고 있다. 이론이 모두 현실 문제의 해결 과정을 통해 만들어졌다는 것을 인식하지 못하고, 생생한 나의 현실에 창백한 이론의 칼날을 들이대며 억지로 꿰맞추고 있다. 주객이 전도되어도 한참이나 뒤바뀐 게 아닐까. 꾸준히 배움을 지속해 나가면, 자기 배움의 방식에 대해 인식하게 된다. 어떤 배움에 관심이 있는지, 어떤 배움이 자신에게 적합한지를 스스로 깨닫게 된다. 우리는 배우면서도 자기 배움의 방식과 자기 삶의 방향의 조화에 대해 한 번도 생각해 보지 않았다.

분리수거에 관심이 없는 사람이 생태환경을 배우는 일에 열의를 갖기는 어렵다. 철학을 깊이 배우면서 자신의 가치관을 정립하지 않고 사는 사람은 드물다. 배움과 삶이 모두 주체인 자기 자신과 긴밀히 연결되어 있기 때문이다. 그럼에도 불구하고 지금까지 우리는 왜 배움과 삶의 조화를 생각해 보거나, 조화를 시도해 보지는 않았을까? 곰곰이 생각해 보면 이상한 일이 아닐 수 없다. 삶을 위해 배우는 것이요, 배우며 사는 것인데도 불구하고 배움과 삶을 연결해 보려 하지 않았다니! 사람과의 관계가 힘이 들어 인간관계에 대해 배우기도 하지만, 자신의 성향과 기질로 인해 인간관계에 관심이 많아서 배우는 경우가 더 흔하다. 더불어 나의 필요에 의한 배움은 그 필요가 충족되고 나면 그만두지만, 나의 성향과 자질에 기반한 배움은 배울수록 관심이 깊어지고, 재미를 느끼게 된다. 배움으로 인해 자기 삶이 더 풍요로워지고, 자신이 더 성장한 것을 느낄수록, 배움과 삶이 조화롭게 연결되고 있다는 것을 스스로 인식하게 된다. 단기간의 배움에 그치거나, 배워도 삶의 활력을 느끼지 못하거나, 자신이 달라진다 인식하지 못한다면 그 배움과 삶이 조화롭지 못한 것이다. 배움과 삶이 긴밀하게 연결되어 있음에도 불구하고, 배움으로 자신을 고양시키지 못한다면, 지금이 자신의 배움에 대해 되돌아봐야 할 시간이다.

저마다의 삶의 방식이 있듯이, 각자에게 고유한 배움이 있다. 타인이 아무리 좋은 배움이라고 추천하더라도 내 삶의 방식과 결이 같지 않다면 나의 배움이 아니라 여겨야 한다. 나의 일상에서 내가 자주, 오래, 꾸준히 생각하고, 접하는 것에서부터 배우자. 내 삶의 방식에 조화롭게 녹아들어 가는 배움이라야 오래 지속할 수 있다. 내 일상에서 자주 접하는 것으로부터의 배움이야말로 나의 배움이다. "나는 무엇을 배우고 싶은가?"와 "나는 어떻게 살고 싶은가?"는 상호 긴밀히 연결되어 있다. 스스로 무엇을 배우고 싶은지를 돌아보면, 자기 삶의 방향을 이해할 수 있다. 꾸준히 배우고 있는 게 있다면, 그 배움과 내 삶이 얼마나 밀접하게 관련되어 있는지를 알 수 있다.

이론과 현실은 다르고, 학교와 사회는 다르다고들 말한다. 일면 수긍이 가는 면이 있다. 그러나 우리가 지금까지 배움의 방식과 삶의 방향을 조화시키려 노력해 본 적이 있는가? 마지못해 배우고 경쟁하기에만 바빴지, 내 삶을 위한 배움, 배움과 조화로운 삶을 한 번이라도 생각해 본 적이 있는가! 내 삶과 동떨어진 배움은 내게 큰 영향을 미치지 못한다. 내 삶의 방향과 어울리지 않는 배움은 일회성에 머물 뿐, 지속되지 못한다. 내 현실 문제를 해결하기 위해 배우고, 배우는 방식에 맞게 살아갈 때, 배움과 삶이 조화롭게 춤추지 않을까!

배움을 통해 지향하는 삶에 다가가고 있는가. 배움의 방식과 조화롭게 삶을 가꾸어 가고 있는가. 스스로 배우고자 하는 사람이라면, 배움의 방식과 삶의 방향의 조화를 추구하지 않을 수 없다. 삶의 방향을 설정하는 일이 곧, 배움의 방식을 결정하는 일이다.

배움으로 내가 꿈꾸는 삶에 한 발 더 가까워지고 있는가? 만

약 아니라면, 내 배움과 삶에 대해 다시 한번 생각해 보아야 한다. 왜 배움과 내 삶이 연결되지 못할까? 배움을 나 자신과 연결시켜 생각해 보지 않았기 때문이 아닐까. 배움을 내 문제로, 나 자신과 내 삶의 문제로 대해오지 않았기 때문이 아닐까. 배움과 삶을 연결하기 위한 중요한 질문을 스스로 하지 않은 건 아닐까. "내게 무슨 의미인지? 나 자신과 어떻게 연결되어 있는지? 내가 어떻게 대하고, 활용할 수 있을지?"를 묻지 않았기 때문에, 배움과 삶이 따로따로이게 된 게 아닐까. 배움을 내 일상이라는 큰 틀에서 보지 못하고, 특정 시간, 특정 장소, 특정 수단으로만 여겨왔기에, 배움과 일상이 연결되지 못한 게 아닐까. 넓게 크게 보면, 배움이 아닌 일상이 없건만, 단지 자격취득, 지식습득, 경쟁우위 차원에서만 배움을 대해오진 않았는가. 삶이라는 큰 틀에서 배움을 대하면, 나의 일, 만남, 자연, 자기 자신 이 모두가 배움의 대상이 아닌 게 없다.

  배움과 삶의 조화를 추구해야 하는 이유는 삶의 충만, 관계 성숙, 삶의 풍요가 모두 배우는 삶과 밀접하게 연결되어 있기 때문이다. 배움과 삶의 조화는 어렵고 힘든 일이 아니라, 내가 배움과 삶을 어떻게 대하는가에 달려 있다. "배움의 방식과 삶의 방향의 조화를 꿈꾸느냐? 그렇지 않냐?"가 "창백한 책상물림으로 살 것인가? 생생한 산지식인으로 살 것인가?"를 결정한다. 삶의 지향에 부합하는 배움의 방식이라야 오래 지속할 수 있지 않을까!

배우며 살고,
살며 배우는가?

    배움이란 무엇인가? 한마디로 정의하기도 어렵고, 저마다의 정의가 다를 수 있을지라도 배움이 삶과 동떨어진 문제일 수는 없다. 그렇다면 산다는 것은 또 무엇인가? 모두가 동의하는 명쾌한 답변을 내기는 어렵지만 배움과 관련이 없다 생각할 수는 없다. 배움이 삶의 문제이고, 삶이 배움과 깊이 연관되어 있다면, 지금까지 우리가 행해온 배움 따로, 삶 따로는 얼마나 어리석은 일이었는가. 지금까지의 내 배움이 내 삶에 깊이 관여하지 못했고, 여태껏 내 삶 속에 배움이 생생하게 살아 있지 못했다. 우리는 지금까지 배우며 살고, 살며 배우기는커녕 그런 생각조차 품지 못한 채 살아왔다. 대체 삶과 관계되지 않은 배움이 무엇인가? 학문이란 이름으로 존재하는 세상의 모든 지식이 내 삶을 위한 것이 아니라면, 대체 무엇을 위한 것인가. 걷고, 말하고, 읽고, 쓰고 내가 살아가는 모든 삶이 배움 아닌 게 그 무엇 하나라도 있단 말인가. 왜 나의 배움과 삶이 긴밀히 연결되지 못하는 걸까. 지금까지 그토록 많은 시간과 노력을 쏟아왔음에도, 왜 내가 배움으로 내 삶을 꾸려간다 여겨지지 않는 걸까. 은연중에 사회가 배움을 학교와 학원으로만, 책과 강의로만 한정하도록 우리를 강제하고 있었던 건 아니었을까. 단 한 번도 나 스스로 배움과 삶을 연결시키지 못하도록 속박하고 있었던 건 아니었을까.

배우며 살고, 살며 배우는 첫걸음은 배움과 삶이 따로따로가 아님을 깨닫는 것이다. 배움 아닌 삶이 없고, 삶과 연관되지 않은 배움이 없다는 것을 자각하는 것이다. 굳이 배움에 따로 시간과 노력을 들이지 않아도, 살아가는 일이 배우는 것임을 안다면, 얼마든지 자기 삶을 통해 배울 수 있다. 삶을 위해 따로 배울 게 아니라 지금까지 배워온 것을 "어떻게 내 삶에 녹여낼 것인가?"가 중요하다는 것을 새롭게 인식해야 한다. 학자, 전문가, 지식인만 배우며 사는 게 아니다. 분야와 내용이 다를 뿐 사람은 누구나 배우며 살고 있다. 그러나 이것을 지각하고 살아가는 것과 인식하지 못하고서 살아가는 것은 큰 차이가 있다. 배우며 살면 하루하루 나 자신이 새로워지고, 삶에 활력이 생긴다. 살며 배우면 내 의식이 확장되고, 관계가 돈독해진다. 우리가 "언제나 배우며 살고 있다. 삶 속에 배우며 살지 않는 날이 단 하루도 없다"는 것을 인식하는 것이야말로 배움과 삶의 조화에 가장 중요한 게 아닐까.

아침에 일기를 쓰며 나는 나 자신에게서 배운다. 오늘도 나는 일기를 쓰면서 성찰한 내 모습을 통해, 일상에서의 변화를 시도한다. 무엇을 새로 배우지 않아도 좋고, 배운 것을 실천하지 않아도 괜찮다. 그럼에도 배우며 살고, 살며 배우려는 태도를 잃지는 않으려 애쓴다. 내 배움이 내 삶에 닿지 못하는 것은, 지금까지 "배움이 내 삶과 긴밀히 관련되어 있다"고 여기지 않아서가 아닐까. 여태껏 삶 속에서 배우지 못한 이유가, "살아가는 일이 바로 배우는 것임"을 알지 못했기 때문이 아닐까. 뒤늦게 서야 우리는 깨닫게 된다. 살아가는 일이 배우는 일이며, 배우는 일이 곧 살아가는 일임을! 실제로 살아 있는 동안 배움과 단절된 시간이란 없다. 스스로 인식하지 못할 뿐, 우리의 느낌, 생각, 행동 하나하나가 모두 배우고 익히는 과정이 아닌 게 없다. 그럼에도 우리는 왜 배우고 있다는 자각을 하지 못하는 걸까. 지금이라도 나 자신을 되돌아보자. 나는 언제, 무엇에서 가장 잘 배웠는가? 나 자신이 일상에서 겪은 실수와 실패를 통해서가 아닐까. 그래서 그때의 그 생생한 체험이(비록 10년 전 일일지라도) 지금까지 나의 몸과 마음에 깊이 새겨져 잊히지 않는 게 아닐까. 너무 생생하기에 어쩌면 잊을 수 없는 게 아닐까.

가장 많이 배우는 사람은 자기 일상에서 배우는 사람이며, 가장 잘 배우는 사람은 자기와 긴밀히 연관된 것에서 배우는 사람이다. 또한 가장 크게 배우는 사람은 자기 자신에게서 배우는 사람이 아닐 수 없다. 나의 일상에서, 나와 관련된 것에서, 그 무엇보다도 나 자신에게서 배우고 있는가! 배우려 하면 배움이 아닌 일상이 없고, 익히려 하면 배움과 무관한 삶이 없다. 배우며 사는 것과 배우지 않고 사는 것이 하늘과 땅만큼의 큰 차이가 아니다. "배우는 것이 살아가는 것이며, 사는 일이 배우는 일임을 인식하느냐? 못 하느냐?"가 큰 차이를 만드는 것이다. 배우며 살아가고 있다는 것을 인식함으로써, 내 삶 자체를 변화시키는 계기를 만든다는 것이 중요하다. 배움이 나 자신을 성장시키고, 내 삶을 향상시키는 데 지대한 영향을 미친다는 것을 인식하느냐가 가장 중요하다. 이런 인식을 하고 있는 사람이라면 누가 시키지 않아도 스스로 배우며 살고, 살며 배우지 않을 리가 있겠는가!

배움으로 내 삶이 더 생생해지는가? 배우면서 내 삶에 점점 더 매력을 느끼는가? 배움으로 나 자신에게 한 발 더 다가가는가? 배움과 삶의 조화를 통해, 우리 스스로 그렇게 만들어 가야 하지 않겠는가!

맺음말

　이 시대 모든 배움이 취업경쟁력 확보라는 단 하나의 목적을 위한 수단이라 해도 과언이 아니다. 어릴 때부터 우리에게 배움은 성적향상을 위한 수단 그 이상이 아니었다. 이 시대의 배움이란 그저 성적향상을 통해, 좋은 대학, 안정된 일자리를 얻기 위한 하나의 방편에 불과했다.

　안정된 일자리를 구하는 것이 결코 쉬워서도, 중요하지 않아서도 아니다. 그럼에도 오직 일자리를 확보하기 위한 수단으로서의 배움이라면, 우리의 배움이 너무 왜소해지고, 초라해지는 게 아닐까?

　날이 갈수록 치열해지는 경쟁시대에서 살아남기 위한 불가피한 선택이라고 우리 스스로 자위할 수 있다. 누가 뭐라 해도 먹고사는 문제가 가장 중요한 문제이니 어쩔 수 없는 일이 아니냐고 항변할 수도 있다.

그러나 돌이켜 보면 배움이 단지 일자리 차지를 위한 수단으로 전락한 것이 남 탓이거나 사회 탓만이 아닌, 우리 자신의 선택이었음을 깨닫게 된다. 우리가 지금껏 배움을 단지 수단으로만 대해온 것이 사실이다.

왜 배움이 성적향상, 지식습득, 취업 수단인 것을 당연하다 여기는가?
왜 우리의 배움이 수신(修身), 수양(修養), 수행(修行)으로의 길이 될 수 없다 여기는가?
왜 배움을 자기변혁, 삶의 풍요, 지적 성장, 자기구원의 길로 삼으려 하지 않는가?

필자는 기존과는 좀 다른 배움을 먼저 시작해 보기로 했다. 필자 역시 스스로 배우는 사람으로 성장하기 위한 과정에 있다. 여전히 때론 예전 방식을 답습하고, 때론 게으름에 빠지고, 때론 배움의 길을 잃기도 한다.

그럼에도 스스로 배우는 사람으로 성장하기를 바라는 필자의 간절한 소망이 독자들에게 전해지기를 진심으로 바란다. 이 글을 통해 '스스로 배우는 사람으로의 도전에 나서 볼까?' 하는 마음을 먹는 독자가 한 사람만 있더라도, 필자의 기쁨은 이루 말로 할 수 없을 만큼 클 것이다.

　독자 여러분의 배움을 향한 힘찬 도전을 응원하며, 시(詩) 한 편에 내 진심을 담아본다.

배움, 즐기는 바다 노니는 태산

배종경

배움 바다가 워낙 깊다기에 살짝만 담가보려 주저했네
배움 태산이 하도 높다기에 한 발짝만 걸쳐보려 움츠렸네

아~아~ 왜 몰랐을까?
배움이 바다를 통째로 마셔버려야 하는 것이 아님을,
배움이 태산을 발아래 정복해야 하는 것이 아님을!

아! 아! 이제야 알 것 같아
배움 바다가 무얼 의미하는지
배움 태산이 무얼 말하는지를

배움 바다에 풍덩 빠져 즐기면 그만인 것을!!
배움 태산 품에 안겨 노닐면 충분한 것을!!!

참고문헌

1장. 이 시대 배움의 현주소

최진석, 《탁월한 사유의 시선》, 21세기북스(2018)

장회익, 《공부도둑》, 생각의나무(2008)

2장. 스스로 배우는 사람으로 성장하기

박웅현, 《책은 도끼다》, 북하우스(2011)

로버트 루트버스타인, 미셸 루트버스타인, 《생각의 탄생》, 에코의서재(2007)

고미숙, 《동의보감, 몸과 우주 그리고 삶의 비전을 찾아서》, 북드라망(2012)

고미숙, 《현자들의 죽음》, 한국교육방송공사(2023)

와시다 기요카즈, 《철학을 사용하는 법》, AK커뮤니케이션즈(2012)

배종경, 《독서로의 초대》, 바른북스(2023)

고병권, 《사람을 목격한 사람》, 사계절(2023)

3장. 배움과 삶의 조화를 꿈꾸며

고병권, 《다이너마이트 니체》, 천년의상상(2016)

강신주, 《강신주의장자수업1, 2》, 한국교육방송공사(2023)

배종경, 《독서로의 초대》, 바른북스(2023)